Das Erste Türkische Lesebuch für Anfänger

AF618839
9781719525992

Kemal Osman

Das Erste Türkische Lesebuch für Anfänger

Stufen A1 A2

Zweisprachig mit Türkisch-deutscher Übersetzung

LANGUAGE
PRACTICE
PUBLISHING

Das Erste Türkische Lesebuch für Anfänger
von Kemal Osman

Homepage: www.audiolego.com

Umschlaggestaltung: Audiolego Design
Umschlagfoto: Audiolego Studio

1. Ausgabe
Copyright © 2018 Language Practice Publishing
Copyright © 2018 Audiolego
Alle Rechte vorbehalten. Das Werk ist urheberrechtlich geschützt.

Druck: KN Digital Printforce GmbH, Ferdinand-Jühlke-Straße 7, 99095 Erfurt

Inhaltsverzeichnis

Anfänger Stufe 1A

1

Robert bir köpeğe sahip

Robert hat einen Hund

Kelimeler

Vokabeln

1. ben - ich
2. benim - mein, meine, mein
3. bir - ein
4. birçok - viele
5. bisiklet - das Fahrrad
6. bu - dieser, diese, dieses
7. bu kitap - dieses Buch
8. bunlar - diese (Pl.)
9. burun - die Nase
10. büyük - groß
11. cadde - die Straße
12. caddeler - die Straßen
13. de, da - auch
14. defter - das Notizbuch
15. defterler - die Notizbücher
16. değil - nicht

17. dolma kalem - der Stift
18. dolma kalemler - die Stifte
19. dört - vier
20. dükkan - der Laden
21. dükkanlar - die Läden
22. göz - das Auge
23. gözler - die Augen
24. güzel - schön
25. hayal, rüya - der Traum
26. kedi - die Katze
27. kelime - das Wort, die Vokabel
28. kelimeler - die Wörter
29. kitap - das Buch
30. köpek - der Hund
31. küçük - klein
32. masa - der Tisch
33. masalar - die Tische
34. mavi - blau
35. metin - der Text
36. o - er
37. oda - das Zimmer
38. odalar - die Zimmer
39. onlar - sie
40. onun - sein, seine; onun yatağı - sein Bett
41. otel - das Hotel
42. oteller - die Hotels
43. öğrenci - der Student
44. öğrenciler - die Studenten
45. park - der Park
46. parklar - die Parks
47. pencere - das Fenster
48. pencereler - die Fenster
49. sahip (olmak)/var (olmak) - haben; O bir kitaba sahip. - Er hat ein Buch.
50. siyah - schwarz
51. şu - jener, jene, jenes
52. şunlar - jene (Pl.)
53. ve - und
54. yatak - das Bett
55. yataklar - die Betten
56. yeni - neu
57. yeşil - grün
58. yıldız - der Stern

B

1.Bu öğrenci bir kitaba sahip. 2.O, bir kaleme de sahip.

1.Dieser Student hat ein Buch. 2.Er hat auch einen Stift.

3.San Francisco birçok cadde ve parka sahiptir. 4.Bu cadde, yeni otellere ve dükkanlara sahiptir.

3.San Francisco hat viele Straßen und Parks. 4.Diese Straße hat neue Hotels und Läden.

5.Bu otel dört yıldıza sahiptir. 6.Bu otel, birçok güzel büyük odaya sahiptir.

5.Dieses Hotel hat vier Sterne. 6.Dieses Hotel hat viele schöne, große Zimmer.

7.Bu oda birçok pencereye sahiptir. 8.Ve bu odaların çok penceresi yoktur. 9.Bu odalar dört yatağa sahiptir. 10.Ve şu odalar bir yatağa sahiptir. 11.Şu odada çok masa yoktur. 12.Ve şu odalar birçok büyük masaya sahiptir.

7.Jenes Zimmer hat viele Fenster. 8.Und diese Zimmer haben nicht viele Fenster. 9.Diese Zimmer haben vier Betten. 10.Und diese Zimmer haben ein Bett. 11.Jenes Zimmer hat nicht viele Tische. 12.Und diese Zimmer haben viele große Tische.

13.Bu caddede otel yoktur. 14.Şu büyük dükkan birçok pencereye sahiptir.

13.In dieser Straße sind keine Hotels. 14.Dieser große Laden hat viele Fenster.

15.Bu öğrencilerin defterleri var. 16.Kalemleri de var. 17.Robert küçük siyah bir deftere sahip.

15.Diese Studenten haben Notizbücher. 16.Sie haben auch Stifte. 17.Robert hat ein kleines schwarzes Notizbuch. 18.Paul hat

18.Paul, dört yeni yeşil deftere sahip.

vier neue grüne Notizbücher.

19.Bu öğrenci bir bisiklete sahiptir. 20.O, yeni mavi bir bisiklete sahip. 21.David de bir bisiklete sahip. 22.O, güzel siyah bir bisiklete sahip.

19.Dieser Student hat ein Fahrrad. 20.Er hat ein neues blaues Fahrrad. 21.David hat auch ein Fahrrad. 22.Er hat ein schönes schwarzes Fahrrad.

23.Paul bir hayale sahip. 24.Benim de bir hayalim var. 25.Benim bir köpeğim yok. 26.Benim bir kedim var. 27.Kedim güzel yeşil gözlere sahip. 28.Robert bir kediye sahip değil. 29.O bir köpeğe sahip. 30.Onun köpeği küçük siyah bir burna sahip.

23.Paul hat einen Traum. 24.Ich habe auch einen Traum. 25.Ich habe keinen Hund. 26.Ich habe eine Katze. 27.Meine Katze hat schöne grüne Augen. 28.Robert hat keine Katze. 29.Er hat einen Hund. 30.Sein Hund hat eine kleine schwarze Nase.

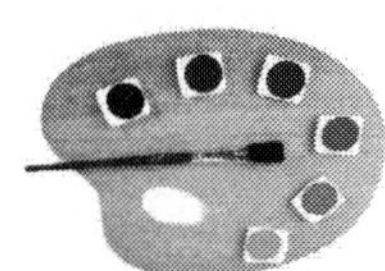

2

Onlar San Francisco'da yaşıyor (ABD)

Sie wohnen in San Francisco (USA)

A

Kelimeler

Vokabeln

1. Kanada - Kanada
2. ABD - USA
3. ABD'li - aus den USA
4. aç - hungrig; Ben açım. - Ich habe Hunger.
5. Alman - der Deutsche, die Deutsche
6. Amerikalı - Amerikaner
7. anne - die Mutter
8. biz - wir
9. büyük - groß
10. de, da - in
11. -den, -dan, -lı, -li - aus
12. erkek kardeş - der Bruder
13. iki - zwei
14. Kanadalı - Kanadier
15. kız kardeş - die Schwester
16. o - sie
17. sandviç - das Sandwich
18. satın almak - kaufen
19. sen - du

20. süpermarket - der Supermarkt
21. Şehir - die Stadt
22. şimdi - jetzt, zurzeit, gerade
23. yaşamak - leben, wohnen

B

1.San Francisco büyük bir şehir. 2.San Francisco ABD'de.

1.San Francisco ist eine große Stadt. 2.San Francisco ist in den USA.

3.Bu, Robert. 4.Robert bir öğrenci. 5.O şimdi San Francisco'da. 6.Robert Almanyalı. 7.O, Alman. 8.Robert'ın bir annesi, bir babası, bir erkek kardeşi ve bir kız kardeşi var. 9.Onlar Almanya'da yaşıyor.

3.Das ist Robert. 4.Robert ist Student. 5.Er ist zurzeit in San Francisco. 6.Robert kommt aus Deutschland. 7.Er ist Deutscher. 8.Robert hat eine Mutter, einen Vater, einen Bruder und eine Schwester. 9.Sie leben in Deutschland.

10.Bu Paul. 11.Paul da bir öğrenci. 12.O Kanadalı. 13.O Kanadalı. 14.Paul'un bir annesi, bir babası ve iki kız kardeşi var. 15.Onlar Kanada'da yaşıyor.

10.Das ist Paul. 11.Paul ist auch Student. 12.Er kommt aus Kanada. 13.Er ist Kanadier. 14.Paul hat eine Mutter, einen Vater und zwei Schwestern. 15.Sie leben in Kanada.

16.Robert ve Paul şimdi bir süpermarketteler. 17.Onlar aç. 18.Sandviç satın alıyorlar.

16.Robert und Paul sind gerade im Supermarkt. 17.Sie haben Hunger. 18.Sie kaufen Sandwiches.

19.Bu Linda. 20.Linda Amerikalı. 21.Linda da San Francisco'da yaşıyor. 22.O bir öğrenci değil.

19.Das ist Linda. 20.Linda ist Amerikanerin. 21.Linda wohnt auch in San Francisco. 22.Sie ist kein Student.

23.Ben bir öğrenciyim. 24.Ben Almanyalıyım. 25.Ben şimdi San Francisco'dayım. 26.Ben aç değilim.

23.Ich bin Student. 24.Ich komme aus Deutschland. 25.Ich bin zurzeit in San Francisco. 26.Ich habe keinen Hunger.

27.Sen bir öğrencisin. 28.Sen Almansın. 29.Sen şu an Almanya'da değilsin. 30.Sen ABD'desin.

27.Du bist Student. 28.Du bist Deutsche. 29.Du bist zurzeit nicht in Deutschland. 30.Du bist in den USA.

31.Biz öğrenciyiz. 32.Biz şimdi ABD'deyiz.

31.Wir sind Studenten. 32.Wir sind zurzeit in den USA.

33.Bu bir bisiklet. 34.Bisiklet mavi. 35.Bisiklet yeni değil.

33.Dies ist ein Fahrrad. 34.Das Fahrrad ist blau. 35.Das Fahrrad ist nicht neu.

36.Bu bir köpek. 37.Köpek siyah. 38.Köpek büyük değil.

36.Dies ist ein Hund. 37.Der Hund ist schwarz. 38.Der Hund ist nicht groß.

39.Bunlar dükkanlar. 40.Dükkanlar büyük değil. 41.Onlar küçük. 42.Şu dükkan birçok pencereye sahip. 43.Şu dükkanlar birçok pencereye sahip değil.

39.Dies sind Läden. 40.Die Läden sind nicht groß. 41.Sie sind klein. 42.Dieser Laden hat viele Fenster. 43.Jene Läden haben nicht viele Fenster.

44.Şu kedi odada. 45.Şu kediler odada değil.

44.Die Katze ist im Zimmer. 45.Diese Katzen sind nicht im Zimmer.

3

Onlar Alman mı?

Sind sie Deutsche?

Kelimeler

Vokabeln

1. adam - der Mann
2. bizim - unser
3. CD çalar - der CD-Spieler
4. -da, -de - am, auf, beim
5. ev - das Haus
6. evet - ja
7. harita - die Karte
8. hayır - nein
9. hayvan - das Tier
10. hepsi - alle
11. İspanyol/İspanyolca - spanisch
12. kadın - die Frau
13. kafe - das Café
14. nasıl - wie

15. nerede - wo
16. o - es
17. oğlan - der Junge
18. onun kitabı - ihr Buch
19. sen/siz - du/ihr

B

1

- Ben bir oğlanım. Ben odadayım.
- Sen Amerikalı mısın?
- Hayır, değilim. Ben Almanım.
- Sen bir öğrenci misin?
- Evet, öyleyim. Ben bir öğrenciyim.

1

- *Ich bin ein Junge. Ich bin im Zimmer.*
- *Bist du Amerikaner?*
- *Nein, ich bin nicht Amerikaner. Ich bin Deutscher.*
- *Bist du Student?*
- *Ja, ich bin Student.*

2

- Bu bir kadın. Kadın da odada.
- O Alman mı?
- Hayır, değil. O Amerikalı.
- O bir öğrenci mi?
- Hayır, değil. O öğrenci değil.
- Bu bir adam. O masada.
- O Amerikalı mı?
- Evet, öyle. O Amerikalı.

2

- *Das ist eine Frau. Die Frau ist auch im Zimmer.*
- *Ist sie Deutsche?*
- *Nein, sie ist nicht Deutsche. Sie ist Amerikanerin.*
- *Ist sie Studentin?*
- *Nein, sie ist nicht Studentin.*
- *Das ist ein Mann. Er sitzt am Tisch.*
- *Ist er Amerikaner?*
- *Ja, er ist Amerikaner.*

3

- Bunlar öğrenciler. Onlar parktalar.
- Hepsi Amerikalı mı?
- Hayır, değiller. Onlar Almanyalı, ABD'li ve Kanadalı.

3

- *Das sind Studenten. Sie sind im Park.*
- *Sind sie alle Amerikaner?*
- *Nein, sie sind nicht alle Amerikaner. Sie kommen aus Deutschland, den USA und Kanada.*

4

- Bu bir masa. O büyük.
- O yeni mi?
- Evet, öyle. O yeni.

4

- *Das ist ein Tisch. Er ist groß.*
- *Ist er neu?*
- *Ja, er ist neu.*

5

- Bu bir kedi. O odada.
- O siyah mı?
- Evet, öyle. O siyah ve güzel.

5

- *Das ist eine Katze. Sie ist im Zimmer.*
- *Ist sie schwarz?*
- *Ja, das ist sie. Sie ist schwarz und schön.*

6

- Bunlar bisikletler. Onlar evdeler.
- Onlar siyah mı?
- Evet, öyleler. Onlar siyah.

6

- *Das sind Fahrräder. Sie stehen beim Haus.*
- *Sind sie schwarz?*
- *Ja, sie sind schwarz.*

7

- Senin bir defterin var mı?
- Evet, var.
- Kaç tane defterin var?
- İki tane defterim var.

7

- *Hast du ein Notizbuch?*
- *Ja.*
- *Wie viele Notizbücher hast du?*
- *Ich habe zwei Notizbücher.*

8

- Onun bir dolma kalemi var mı?
- Evet, var.
- Onun kaç tane dolma kalemi var?
- Onun bir dolma kalemi var.

8

- Hat er einen Stift?
- Ja.
- Wie viele Stifte hat er?
- Er hat einen Stift.

9

- Onun bir bisikleti var mı?
- Evet, var.
- Onun bisikleti mavi mi?
- Hayır, değil. Onun bisikleti mavi değil. Yeşil.

9

- Hat sie ein Fahrrad?
- Ja.
- Ist ihr Fahrrad blau?
- Nein, es ist nicht blau. Es ist grün.

10

- Senin bir İspanyolca kitabın var mı?
- Hayır, yok. Benim bir İspanyolca kitabım yok. Benim kitabım yok.

10

- Hast du ein spanisches Buch?
- Nein, ich habe kein spanisches Buch. Ich habe keine Bücher.

11

- Onun bir kedisi var mı?
- Hayır, yok. Onun bir kedisi yok. Onun bir hayvanı yok.

11

- Hat sie eine Katze?
- Nein, sie hat keine Katze. Sie hat kein Tier.

12

- Sizin bir CD çalarınız var mı?
- Hayır, yok. Bizim bir CD çalarımız yok.

12

- Habt ihr einen CD-Spieler?
- Nein, wir haben keinen CD-Spieler.

13

- Haritamız nerede?
- Haritamız odada.
- Masada mı?
- Evet, öyle.

13

- Wo ist unsere Karte?
- Unsere Karte ist im Zimmer.
- Liegt sie auf dem Tisch?
- Ja, sie liegt auf dem Tisch.

14

- Oğlanlar nerede?
- Onlar kafedeler.
- Bisikletler nerede?
- Onlar kafedeler.
- Paul nerede?
- O da kafede.

14

- Wo sind die Jungs?
- Sie sind im Café.
- Wo sind die Fahrräder?
- Sie stehen vor dem Café.
- Wo ist Paul?
- Er ist auch im Café.

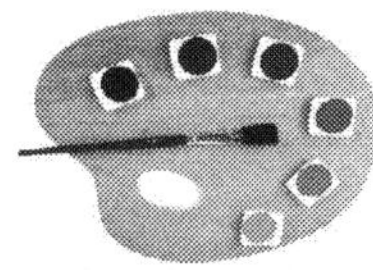

4

Lütfen yardım edebilir misiniz?

Können Sie mir bitte helfen?

Kelimeler

Vokabeln

1. adres - die Adresse
2. almak - nehmen
3. ama - aber
4. banka - die Bank
5. -ebil-/-abil- - dürfen, können; Okuyabiliyorum. - Ich kann lesen.
6. gitmek - gehen, fahren; Bankaya giderim. - Ich gehe zur Bank.
7. için - für
8. konuşmak - sprechen
9. lütfen - bitte
10. -mamalı-/-memeli- - nicht dürfen
11. -meli/-malı - müssen; Gitmeliyim. - Ich muss gehen.
12. okumak - lesen
13. oturmak - sitzen, setzen
14. oynamak - spielen
15. öğrenmek - lernen
16. teşekkür ederim, teşekkürler - danke
17. teşekkür etmek - danken
18. yardım, yardım etmek - die Hilfe, helfen
19. yazmak - schreiben
20. yer - legen, der Platz

B

1

- Lütfen yardım edebilir misiniz?
- Evet, edebilirim.
- Adresi İngilizce yazamıyorum. Benim için yazabilir misiniz?
- Evet, yazabilirim.
- Teşekkür ederim.

1

- Können Sie mir bitte helfen?
- Ja, das kann ich.
- Ich kann die Adresse nicht auf Englisch schreiben. Können Sie sie für mich schreiben?
- Ja, das kann ich.
- Danke.

2

- Tenis oynayabiliyor musunuz?
- Hayır, oynayamıyorum. Ama öğrenebilirim. Öğrenmeme yardım edebilir misiniz?
- Evet, edebilirim. Tenis oynamayı öğrenmene yardım edebilirim.
- Teşekkür ederim.

2

- Kannst du Tennis spielen?
- Nein. Aber ich kann es lernen. Kannst du mir dabei helfen?
- Ja, ich kann dir helfen, Tennis spielen zu lernen.
- Danke.

3

- İngilizce konuşabiliyor musunuz?
- İngilizce konuşabiliyorum ve okuyabiliyorum ama yazamıyorum.
- Almanca konuşabiliyor musunuz?
- Almanca konuşabiliyorum, okuyabiliyorum, ve yazabiliyorum.
- Linda da Almanca konuşabiliyor mu?
- Hayır, konuşamıyor. O Amerikalı.
- Onlar İngilizce konuşabiliyorlar mı?
- Evet, biraz konuşabiliyorlar. Onlar öğrenciler ve İngilizce öğreniyorlar. Bu oğlan İngilizce konuşamıyor.

3

- Sprichst du Englisch?
- Ich kann Englisch sprechen und lesen, aber nicht schreiben.
- Sprichst du Deutsch?
- Ich kann Deutsch sprechen, lesen und schreiben.
- Kann Linda auch Deutsch?
- Nein, sie kann kein Deutsch. Sie ist Amerikanerin.
- Sprechen sie Englisch?
- Ja, ein bisschen. Sie sind Studenten und lernen Englisch. Dieser Junge spricht kein Englisch.

4

- Onlar neredeler?
- Onlar şimdi tenis oynuyorlar.
- Biz de oynayabilir miyiz?
- Evet, oynayabiliriz.

4

- Wo sind sie?
- Sie spielen gerade Tennis.
- Können wir auch spielen?
- Ja, das können wir.

5

- Robert nerede?
- Kafede olabilir.

5

- Wo ist Robert?
- Er ist vielleicht im Café.

6

- Bu masaya oturun, lütfen.
- Teşekkür ederim. Kitaplarımı şu masaya koyabilir miyim?
- Evet, koyabilirsin.

6

- Setzen Sie sich an diesen Tisch, bitte.
- Danke. Kann ich meine Bücher auf diesen Tisch legen?
- Ja.

7

- Paul masasında oturabilir mi?

7

- Darf Paul sich an seinen Tisch setzen?

- Evet, oturabilir.

8

- Onun yatağında oturabilir miyim?
- Hayır, oturmamalısın.
- Linda onun CD çalarını alabilir mi?
- Hayır. Onun CD çalarını almamalı.

9

- Onlar onun haritasını alabilir mi?
- Hayır, alamazlar.

10

- Onun yatağında oturmamalısın.
- O, onun CD çalarını almamalı.
- Onlar bu defterleri almamalılar.

11

- Bankaya gitmeliyim.
- Şimdi mi gitmelisin?
- Evet, gitmeliyim.

12

- Almanca öğrenmeli misin?
- Almanca öğrenmeme gerek yok. İngilizce öğrenmeliyim.

13

- O, bankaya gitmeli mi?
- Hayır. Bankaya gitmesine gerek yok.

14

- Bu bisikleti alabilir miyim?
- Hayır, onun bisikletini almamalısın.
- Bu defterleri onun yatağına koyabilir miyiz?
- Hayır. Bu defterleri onun yatağına koymamalısın.

- Ja, das darf er.

8

- Darf ich mich auf ihr Bett setzen?
- Nein, das darfst du nicht.
- Darf Linda seinen CD-Spieler nehmen?
- Nein, sie darf seinen CD-Spieler nicht nehmen.

9

- Dürfen sie ihre Karte nehmen?
- Nein, das dürfen sie nicht.

10

- Du darfst dich nicht auf ihr Bett setzen.
- Sie darf seinen CD-Spieler nicht nehmen.
- Sie dürfen diese Notizbücher nicht nehmen.

11

- Ich muss zur Bank gehen.
- Musst du jetzt gehen?
- Ja.

12

- Musst du Deutsch lernen?
- Ich muss nicht Deutsch lernen. Ich muss Englisch lernen.

13

- Muss sie zur Bank gehen?
- Nein, sie muss nicht zur Bank gehen.

14

- Darf ich dieses Fahrrad nehmen?
- Nein, du darfst dieses Fahrrad nicht nehmen.
- Dürfen wir diese Notizbücher auf ihr Bett legen?
- Nein, ihr dürft die Notizbücher nicht auf ihr Bett legen.

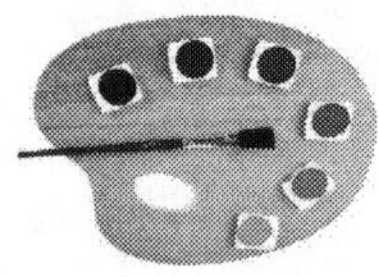

5

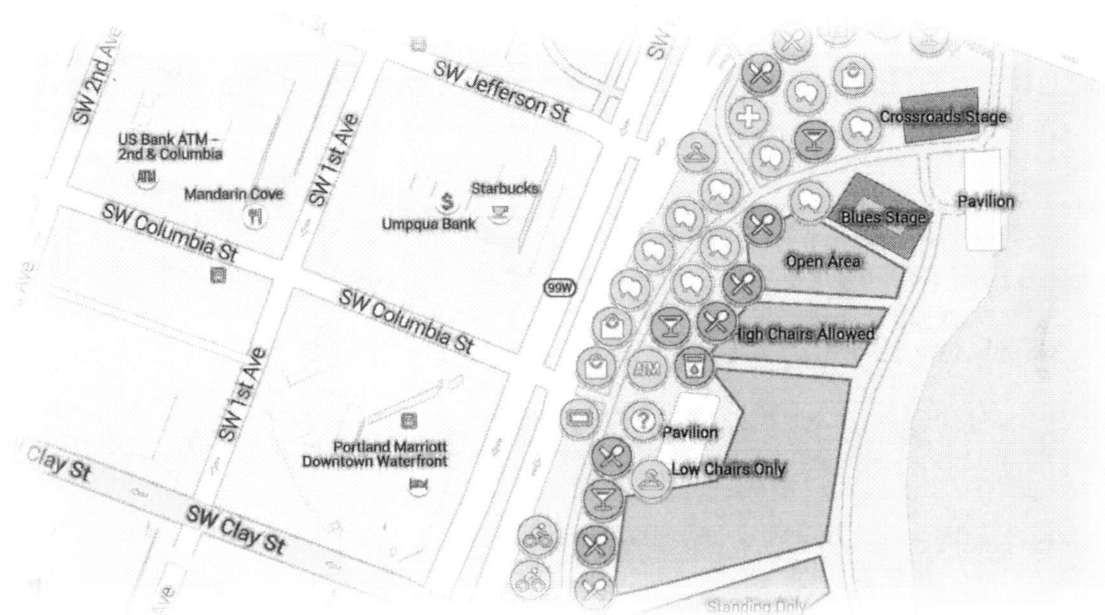

Robert şimdi ABD'de yaşıyor

Robert wohnt jetzt in den USA

Kelimeler

Vokabeln

1. altı - sechs
2. beğenmek, sevmek - mögen, lieben
3. beş - fünf
4. biraz, bazı, birkaç - ein paar
5. çay - der Tee
6. çiftlik - der Bauernhof
7. dinlemek - hören; Müzik dinlerim. - Ich höre Musik.
8. gazete - die Zeitung
9. gerekmek, ihtiyacı olmak - brauchen
10. içmek - trinken
11. insanlar - die Menschen
12. istemek - wollen
13. iyi - gut
14. kahvaltı - das Frühstück; kahvaltı etmek - frühstücken
15. kız - das Mädchen
16. meydan - der Platz

17. mobilya - die Möbel
18. müzik - die Musik
19. ora - dort
20. sandalye - der Stuhl
21. sekiz - acht
22. üç - drei
23. yedi - sieben
24. yemek - essen

B

1

Linda iyi İngilizce okur. Ben de İngilizce okurum. Öğrenciler parka giderler. O da parka gider.

1

Linda liest gut Englisch. Ich lese auch Englisch. Die Studenten gehen in den Park. Sie geht auch in den Park.

2

Biz San Francisco'da yaşıyoruz. Paul da şimdi San Francisco'da yaşıyor. Onun babası ve annesi Kanada'da yaşıyor. Robert şimdi San Francisco'da yaşıyor. Onun babası ve annesi Almanya'da yaşıyorlar.

2

Wir wohnen in San Francisco. Paul wohnt jetzt auch in San Francisco. Sein Vater und seine Mutter leben in Kanada. Robert wohnt jetzt in San Francisco. Sein Vater und seine Mutter leben in Deutschland.

3

Öğrenciler tenis oynarlar. Paul iyi oynar. Robert iyi oynamaz.

3

Die Studenten spielen Tennis. Paul spielt gut. Robert spielt nicht gut.

4

Çay içeriz. Linda yeşil çay içer. David siyah çay içer. Ben de siyah çay içerim.

4

Wir trinken Tee. Linda trinkt grünen Tee. David trinkt schwarzen Tee. Ich trinke auch schwarzen Tee.

5

Ben müzik dinlerim. Sarah da müzik dinler. O iyi müzik dinlemeyi sever.

5

Ich höre Musik. Sarah hört auch Musik. Sie hört gerne gute Musik.

6

Altı deftere ihtiyacım var. David'in yedi deftere ihtiyacı var. Linda'nın sekiz deftere ihtiyacı var.

6

Ich brauche sechs Notizbücher. David braucht sieben Notizbücher. Linda braucht acht Notizbücher.

7

Sarah içmek istiyor. Ben de içmek istiyorum. Paul yemek istiyor.

7

Sarah will etwas trinken. Ich will auch etwas trinken. Paul will etwas essen.

8

Masada bir gazete var. Paul onu alır ve okur. O, gazete okumayı sever.

8

Dort liegt eine Zeitung auf dem Tisch. Paul nimmt sie und liest. Er liest gerne Zeitung.

9

Odada birkaç mobilya var. Orada altı masa ve altı sandalye var.

9

Im Zimmer gibt es Möbel. Es gibt dort sechs Tische und sechs Stühle.

10

Odada üç kız var. Onlar kahvaltı ediyorlar.

10

Es sind drei Mädchen im Zimmer. Sie frühstücken.

11

Sarah ekmek yiyor ve çay içiyor. O yeşil çayı sever.

11

Sarah isst Brot und trinkt Tee. Sie mag grünen Tee.

12

Masada birkaç kitap var. Yeni değiller. Eskiler.

12

Auf dem Tisch liegen ein paar Bücher. Sie sind nicht neu. Sie sind alt.

13

- Bu caddede bir banka var mı?
- Evet, var. Bu caddede beş banka var. Bankalar büyük değil.

13

- Ist in dieser Straße eine Bank?
- Ja. Es gibt fünf Banken in dieser Straße. Sie sind nicht groß.

14

- Meydanda insanlar var mı?
- Evet, var. Meydanda birkaç insan var.

14

- Sind Menschen auf dem Platz?
- Ja, auf dem Platz sind ein paar Menschen.

15

- Kafede bisikletler var mı?
- Evet, var. Kafede dört bisiklet var. Yeni değiller.

15

- Stehen Fahrräder vor dem Café?
- Ja, es stehen vier Fahrräder vor dem Café. Sie sind nicht neu.

16

- Bu caddede bir otel var mı?
- Hayır, yok. Bu caddede hiç otel yok.

16

- Gibt es in dieser Straße ein Hotel?
- Nein, es gibt keine Hotels in dieser Straße.

17

- Şu caddede hiç büyük dükkan var mı?
- Hayır, yok. O caddede hiç büyük dükkan yok.

17

- Gibt es in dieser Straße große Läden?
- Nein, es gibt keine großen Läden in dieser Straße.

18

- ABD'de hiç çiftlik var mı?
- Evet, var. ABD'de birçok çiftlik var.

18

- Gibt es in den USA Bauernhöfe?
- Ja, es gibt viele Bauernhöfe in den USA.

19

- Şu odada hiç mobilya var mı?
- Evet, var. Orada dört masa ve birkaç sandalye var.

19

- Sind Möbel in diesem Zimmer?
- Ja, es sind dort vier Tische und einige Stühle.

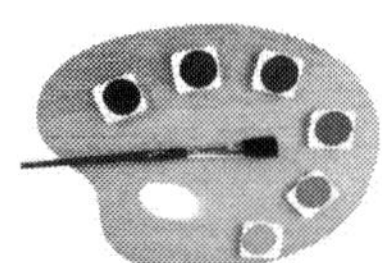

6

Robert'ın birçok arkadaşı var

Robert hat viele Freunde

Kelimeler

Vokabeln

1. acente - die Agentur
2. altında - unter
3. araba - das Auto
4. arkadaş - der Freund
5. baba - der Vater
6. bilgisayar - der Computer
7. bilmek - kennen, wissen
8. birçok - viel, viele
9. boş - frei; boş zaman - die Freizeit, freie Zeit
10. CD - die CD
11. David'in kitabı - Davids Buch
12. -de/-da - auch
13. -e/-a - in
14. gelmek/gitmek - kommen/gehen
15. iş - die Arbeit; çok işi olmak - viel zu tun haben
16. iş acentesi - die Arbeitsvermittlung
17. kahve - der Kaffee
18. kapı - die Tür
19. ocak - der Herd
20. temiz - sauber

B

1

Robert'ın birçok arkadaşı var. Robert'ın arkadaşları kafeye giderler. Kahve içmeyi severler. Robert'ın arkadaşları çok kahve içerler.

1

Robert hat viele Freunde. Roberts Freunde gehen ins Café. Sie trinken gerne Kaffee. Roberts Freunde trinken viel Kaffee.

2

Paul'un babasının bir arabası var. Babasının arabası temiz ama eski. Paul'un babası çok araba sürer. Onun iyi bir işi var ve şimdi çok işi var.

2

Pauls Vater hat ein Auto. Das Auto seines Vaters ist sauber, aber alt. Pauls Vater fährt viel Auto. Er hat eine gute Arbeit und im Moment viel zu tun.

3

David'in birçok CDsi var. David'in CDleri yatağının üzerinde. David'in CD çaları da yatağının üstünde.

3

David hat viele CDs. Davids CDs liegen auf seinem Bett. Davids CD-Spieler ist auch auf seinem Bett.

4

Robert Amerikan gazeteleri okur. Robert'ın odasında masada birçok gazete vardır.

4

Robert liest amerikanische Zeitungen. Auf dem Tisch in Roberts Zimmer liegen viele Zeitungen.

5

Nancy'nin bir kedisi ve bir köpeği var. Nancy'nin kedisi odada yatağın altında. Nancy'nin köpeği de odada.

5

Nancy hat eine Katze und einen Hund. Nancys Katze ist im Zimmer unter dem Bett. Nancys Hund ist auch im Zimmer.

6

Bu arabada bir adam var. Bu adamın bir haritası var. Adamın haritası büyük. Adam çok araba sürer.

6

In dem Auto ist ein Mann. Der Mann hat eine Karte. Die Karte des Mannes ist groß. Dieser Mann fährt viel Auto.

7

Ben bir öğrenciyim. Çok boş zamanım var. Bir iş acentesine giderim. İyi bir işe ihtiyacım var.

7

Ich bin Student. Ich habe viel Freizeit. Ich gehe zu einer Arbeitsvermittlung. Ich brauche einen guten Job.

8

Paul ve Robert'ın az boş zamanı var. Onlar da iş acentesine giderler. Paul'un bir bilgisayarı var. Acente Paul'a iyi bir iş verebilir.

8

Paul und Robert haben ein bisschen freie Zeit. Sie gehen auch zu der Arbeitsvermittlung. Paul hat einen Computer. Die Agentur wird ihm vielleicht eine gute Arbeit geben.

9

Linda'nın yeni bir ocağı var. Linda'nın ocağı iyi ve temiz. Linda çocukları için kahvaltı pişirir. Nancy ve David Linda'nın çocuklarıdır. Linda'nın çocukları çok çay içerler. Anne biraz kahve içer. Nancy'nin annesi çok az sayıda Almanca kelime konuşabilir. O azıcık Almanca konuşur. Linda'nın bir işi vardır. Onun az boş vakti var.

9

Linda hat einen neuen Herd. Lindas Herd ist gut und sauber. Linda macht Frühstück für ihre Kinder. Nancy und David sind Lindas Kinder. Lindas Kinder trinken viel Tee. Die Mutter trinkt ein bisschen Kaffee. Nancys Mutter kann nur ein paar Wörter auf Deutsch. Sie spricht sehr wenig Deutsch. Linda hat Arbeit. Sie hat wenig Freizeit.

10

Robert azıcık İngilizce konuşabilir. Robert çok az sayıda İngilizce kelime bilir. Ben birçok İngilizce kelime bilirim. Ben biraz İngilizce konuşabilirim. Bu kadın çok sayıda İngilizce kelime bilir. O İngilizceyi iyi konuşabilir.

10

Robert spricht wenig Englisch. Er kennt nur sehr wenige englische Wörter. Ich kenne viele englische Wörter. Ich spreche ein bisschen Englisch. Diese Frau kennt viele englische Wörter. Sie spricht gut Englisch.

11

George bir iş acentesinde çalışır. Bu iş acentesi San Francisco'da. George'un bir arabası var. George'un arabası caddede. George'un çok işi var. O acenteye gitmeli. Oraya araba sürer. George acenteye gelir. Orada birçok öğrenci vardır. İşlere ihtiyaçları vardır. George'un işi öğrencilere yardım etmektir.

11

George arbeitet in einer Arbeitsvermittlung. Diese Arbeitsvermittlung ist in San Francisco. George hat ein Auto. Georges Auto steht an der Straße. George hat viel Arbeit. Er muss in die Agentur gehen. Er fährt mit dem Auto dorthin. George kommt in die Agentur. Dort sind viele Studenten. Sie brauchen Arbeit. Georges Arbeit ist, den Studenten zu helfen.

12

Otelde bir araba vardır. Bu arabanın kapıları temiz değil. Birçok öğrenci bu otelde yaşıyor. Otelin odaları küçük ama temiz. Bu Robert'ın odası. Odanın penceresi büyük ve temiz.

12

Vor dem Hotel steht ein Auto. Die Türen des Autos sind nicht sauber. In diesem Hotel wohnen viele Studenten. Die Zimmer des Hotels sind klein, aber sauber. Das ist Roberts Zimmer. Das Fenster des Zimmers ist groß und sauber.

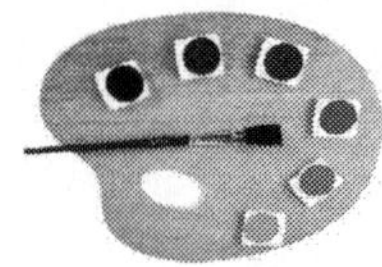

7

David bir bisiklet satın alır

David kauft ein Fahrrad

A

Kelimeler

Vokabeln

1. atıştırma - der Imbiss
2. banyo - das Bad, das Badezimmer; küvet - die Badewanne
3. banyo masası - der Badezimmertisch
4. birer birer - einer nach dem anderen
5. bisikletle gitmek, bisiklet sürmek - Fahrrad fahren, mit dem Fahrrad fahren
6. bugün - heute
7. büro - das Büro
8. cumartesi - der Samstag
9. çamaşır makinesi - die Waschmaschine
10. ev - das Zuhause; eve gitmek - nach Hause gehen
11. firma - die Firma
12. firmalar - die Firmen
13. ile - mit
14. işçi - der Arbeiter
15. merkez - das Zentrum; şehir merkezi - das Stadtzentrum
16. mutfak - die Küche
17. otobüs - der Bus; otobüsle gitmek - mit dem Bus fahren

18. sabah - der Morgen
19. sıra - die Schlange
20. sonra - dann; ondan sonra - danach
21. spor - der Sport; spor mağazası - das Sportgeschäft
22. spor bisikleti - das Sportfahrrad
23. yapmak - machen
24. yıkamak - waschen
25. yüz - das Gesicht
26. zaman - die Zeit

Bir cumartesi sabahıdır. David banyoya gider. Banyo büyük değil. Orada bir küvet, bir çamaşır makinesi ve bir banyo masası var. David yüzünü yıkar. Sonra mutfağa gider. Mutfak masasında bir çay makinesi var. David kahvaltısını eder. David'in kahvaltısı büyük değil. Sonra kahve makinesiyle biraz kahve yapar ve içer. Bugün bir spor mağazasına gitmek istiyor. David sokağa çıkar. Yedi otobüsüne biner. David'in mağazaya otobüsle gitmesi azıcık sürer. David spor mağazasına gider. Yeni bir spor bisikleti almak istiyor. Orada birçok spor bisikleti var. Onlar siyah, mavi ve yeşiller. David mavi bisikletleri beğenir. Mavi bir tane almak istiyor. Mağazada bir sıra var. David'in bisikleti alması uzun sürer. Sonra o, caddeye gider ve bisiklete biner. Şehir merkezine sürer. Sonra şehir merkezinden şehir parkına sürer. Yeni bir spor bisikleti sürmek çok iyi!
Bir cumartesi sabahıdır ama George ofisinde. Bugün çok işi var. George'un bürosuna bir sıra var. Sırada birçok öğrenci ve işçi var. Bir işe ihtiyaçları var. George'un odasına birer birer giderler. George ile konuşurlar. Sonra o, onlara firma adresleri verir.
Şimdi atıştırma vaktidir. George kahve makinesiyle biraz kahve yapar. Atıştırmasını yer ve biraz kahve içer. Şimdi ofisine bir sıra yok. George eve gidebilir. O caddeye gider. Bugün çok güzel! George eve gider. Çocuklarını alır ve şehir parkına gider. Orada iyi bir vakit geçirirler.

Es ist Samstagmorgen. David geht ins Bad. Das Badezimmer ist nicht groß. Dort gibt es eine Badewanne, eine Waschmaschine und einen Badezimmertisch. David wäscht sich das Gesicht. Dann geht er in die Küche. Auf dem Küchentisch steht ein Teekessel. David frühstückt. Davids Frühstück ist nicht groß. Dann macht er Kaffee mit der Kaffeemaschine und trinkt ihn. Er will heute in ein Sportgeschäft. David geht auf die Straße. Er nimmt den Bus 7. David braucht nicht lange, um mit dem Bus zum Laden zu fahren. David geht in das Sportgeschäft. Er will sich ein neues Sportfahrrad kaufen. Es gibt viele Sportfahrräder. Sie sind schwarz, blau und grün. David mag blaue Fahrräder. Er will ein blaues kaufen. Im Laden ist eine Schlange. David braucht lange, um das Fahrrad zu kaufen. Dann geht er auf die Straße und fährt mit dem Fahrrad. Er fährt ins Stadtzentrum. Dann fährt er vom Zentrum in den Stadtpark. Es ist so schön, mit einem neuen Sportfahrrad zu fahren!
Es ist Samstagmorgen, aber George ist in seinem Büro. Er hat heute viel zu tun. Vor Georges Büro ist eine Schlange. In der Schlange stehen viele Studenten und Arbeiter. Sie brauchen Arbeit. Sie gehen einer nach dem anderen in Georges Büro. Sie sprechen mit George. Dann gibt er ihnen Adressen von Firmen.
Jetzt ist Zeit für einen Imbiss. George macht Kaffee mit der Kaffeemaschine. Er isst seinen Imbiss und trinkt Kaffee. Jetzt ist keine Schlange mehr vor seinem Büro. George kann nach Hause gehen. Er geht auf die Straße. Es ist so ein schöner Tag! George geht nach Hause. Er holt seine Kinder ab und geht in den Stadtpark. Dort haben sie eine schöne Zeit.

8

Linda yeni bir DVD almak istiyor

Linda will eine neue DVD kaufen

Kelimeler

Vokabeln

1. arkadaş canlısı - freundlich
2. ayrılmak - weggehen
3. bardak - die Tasse
4. büyük/daha büyük/en büyük - groß/größer/am größten
5. daha fazla - mehr
6. -den/-dan - als; George Linda'dan daha yaşlı. - George ist älter als Linda.
7. -diği/-dığı - dass; Bu kitabın ilginç olduğunu biliyorum. - Ich weiß, dass dieses Buch interessant ist.
8. DVD - die DVD
9. en sevdiği - Lieblings-
10. en sevdiği film - der Lieblingsfilm
11. film - der Film
12. genç - jung
13. göstermek - zeigen

14. ilginç - interessant
15. istemek, sormak - bitten, fragen
16. kutu - die Kiste
17. macera - das Abenteuer
18. onbeş - fünfzehn
19. saat - die Stunde
20. satıcı - der Verkäufer, die Verkäuferin
21. söylemek - sagen
22. sürmek - dauern; Film üç saatten fazla sürer. - Der Film dauert mehr als drei Stunden.
23. uzun - lang
24. vermek - geben
25. video kaseti - die Videokassette
26. video mağazası - die Videothek
27. yirmi - zwanzig

B

David ve Nancy Linda'nın çocuklarıdır. Nancy en küçük çocuk. O beş yaşında. David Nancy'den onbeş yaş büyük. O yirmi yaşında. Nancy David'den çok daha küçük.
Nancy, Linda ve David mutfaktalar. Çay içerler. Nancy'nin bardağı büyük. Linda'nın bardağı daha büyük. David'in bardağı en büyük.
Linda ilginç filmlerle birçok video kasetine ve DVDlere sahip. O daha yeni bir film almak istiyor. Bir video mağazasına gider. Orada video kasetli ve DVDli olan birçok kutu vardır. O bir satıcıdan kendisine yardım etmesini ister. Satıcı Linda'ya birkaç kaset verir. Linda bu filmler hakkında daha fazla bilgi almak ister ama satıcı ayrılır.
Mağazada bir satıcı daha var ve o daha arkadaş canlısı. O Linda'ya en sevdiği filmleri sorar. Linda romantik filmleri ve macera filmlerini sever. "Titanic" onun en sevdiği film.
Satıcı Linda'ya en yeni Hollywood filmi "The German Friend" in DVD'sini gösterir. O ABD'de bir adamın ve genç bir kadının romantik maceraları hakkındadır.
O, Linda'ya "The Firm" filminin bir DVD'sini de gösterir. Satıcı "The Firm" filminin en ilginç filmlerden biri olduğunu söyler. Ve en uzun filmlerden biridir de. O üç saatten fazla uzun. Linda daha uzun filmlerden hoşlanır. O "Titanic" in sahip olduğu en ilginç ve en uzun film olduğunu söyler. Linda "The Firm" filminin bir DVD'sini alır. O, satıcıya teşekkür eder ve gider.

David und Nancy sind Lindas Kinder. Nancy ist die Jüngste. Sie ist fünf. David ist fünfzehn Jahre älter als Nancy. Er ist zwanzig. Nancy ist viel jünger als David.
Nancy, Linda und David sind in der Küche. Sie trinken Tee. Nancys Tasse ist groß. Lindas Tasse ist größer. Davids Tasse ist am größten.
Linda hat viele Videokassetten und DVDs mit interessanten Filmen. Sie will einen neueren Film kaufen. Sie geht in eine Videothek. Dort sind viele Kisten mit Videokassetten und DVDs. Sie bittet einen Verkäufer, ihr zu helfen. Der Verkäufer gibt Linda ein paar Filme. Linda will mehr über diese Filme wissen, aber der Verkäufer geht weg.
Es gibt eine andere Verkäuferin im Laden und sie ist freundlicher. Sie fragt Linda nach ihren Lieblingsfilmen. Linda mag romantische Filme und Abenteuerfilme. Der Film ‚Titanic' ist ihr Lieblingsfilm. Die Verkäuferin zeigt Linda eine DVD mit dem neusten Hollywoodfilm ‚Der deutsche Freund'. Er handelt von den romantischen Abenteuern eines Mannes und einer jungen Frau in den USA.
Sie zeigt Linda auch eine DVD mit dem Film ‚Die Firma'. Die Verkäuferin sagt, dass der Film ‚Die Firma' einer der interessantesten Filme ist. Und auch einer der längsten. Er dauert mehr als drei Stunden. Linda mag längere Filme. Sie sagt, dass ‚Titanic' der interessanteste und der längste Film ist, den sie hat. Linda kauft die DVD mit dem Film ‚Die Firma'. Sie bedankt sich bei der Verkäuferin und geht.

9

Paul Almanca şarkılar dinler

Paul hört deutsche Musik

Kelimeler

Vokabeln

1. aile - die Familie
2. aramak - anrufen
3. arızalı - außer Betrieb
4. basit - einfach
5. baş - der Kopf; gitmek - gehen
6. başlamak - anfangen
7. beğenmek - gefallen; Bunu beğendim. - Das gefällt mir.
8. çağrı - rufen; çağrı merkezi - das Callcenter
9. çanta - die Tasche
10. çok - sehr

11. çünkü - weil
12. dakika - die Minute
13. ekmek - das Brot
14. gün - der Tag
15. her - jeder, jede, jedes
16. isim - der Name
17. koşmak - rennen, joggen, laufen
18. öğrenci yurdu - das Studentenwohnheim
19. önünde - vor
20. söylemek - nennen, sagen
21. şapka - der Hut
22. şarkı söylemek - singen; şarkıcı - der Sänger
23. tabir - der Satz
24. telefon - das Telefon
25. telefon etmek - telefonieren
26. tereyağı - die Butter
27. utanmak - sich schämen; o utandı - er schämt sich
28. yakın, yakındaki, sonraki - in der Nähe
29. yakınlık - die Nähe
30. yaklaşık - etwa
31. zıplamak; zıplama - springen; der Sprung

B

Carol bir öğrenci. O yirmi yaşında. Carol İspanyalı. O, öğrenci yurdunda yaşıyor. O çok iyi bir kız. Carol'ın üstünde mavi bir elbise var. Onun başında bir şapka var. Carol bugün ailesine telefon etmek istiyor. Çağrı merkezine gider çünkü telefonu arızalıdır. Çağrı merkezi kafenin önündedir. Carol ailesini arar. O, annesiyle ve babasıyla konuşur. Çağrı yaklaşık beş dakika sürer. Sonra o, arkadaşı Angela'yı arar. Bu çağrı yaklaşık üç dakika sürer.

Carol ist Studentin. Sie ist zwanzig. Carol kommt aus Spanien. Sie wohnt im Studentenwohnheim. Sie ist ein sehr nettes Mädchen. Carol hat ein blaues Kleid an. Auf dem Kopf hat sie einen Hut. Carol will heute ihre Familie anrufen. Sie geht ins Callcenter, weil ihr Telefon außer Betrieb ist. Das Callcenter ist vor dem Café. Carol ruft ihre Familie an. Sie spricht mit ihrer Mutter und ihrem Vater. Der Anruf dauert etwa fünf Minuten. Dann ruft sie ihre Freundin Angela an. Dieser Anruf dauert etwa drei Minuten.

Robert sporu sever. O öğrenci yurtlarının yakınındaki parkta her sabah koşar. Bugün de koşuyor. Zıplıyor da. Onun zıplamaları çok uzun. Paul ve David, Robert ile koşuyorlar ve zıplıyorlar. Paul'un zıplamaları en uzun. O en iyi zıplıyor. Sonra Robert ve Paul öğrenci yurtlarına koşarlar ve David eve koşar.

Robert mag Sport. Er geht jeden Morgen im Park in der Nähe des Studentenwohnheims joggen. Heute läuft er auch. Er springt auch. Er springt sehr weit. Paul und David laufen und springen mit Robert. David springt weiter. Paul springt am weitesten. Er springt am besten von allen. Dann laufen Robert und Paul zum Studentenwohnheim und David nach Hause.

Robert odasında kahvaltısını eder. Ekmek ve tereyağı alır. Kahve makinesiyle biraz kahve yapar. Sonra ekmeye tereyağı sürer ve yer.

Robert frühstückt in seinem Zimmer. Er holt Brot und Butter. Er macht Kaffee mit der Kaffeemaschine. Dann bestreicht er das Brot mit Butter und isst.

Robert San Francisco'daki öğrenci yurtlarında yaşar. Onun odası Paul'un odasının yakınında. Robert'ın odası büyük değil. Temiz çünkü Robert her gün odasını temizler. Odasında bir masa, bir yatak, birkaç sandalye ve biraz daha fazla mobilya vardır.

Robert wohnt im Studentenwohnheim in San Francisco. Sein Zimmer ist in der Nähe von Pauls Zimmer. Roberts Zimmer ist nicht groß. Es ist sauber, weil Robert es jeden Tag sauber macht. In seinem Zimmer stehen ein Tisch, ein Bett, ein paar Stühle und ein paar andere Möbel. Roberts Bücher und Notizbücher liegen auf dem Tisch.

Robert'ın kitapları ve defterleri masadadır. Çantası masanın altındadır. Sandalyeler masadadır. Robert eline birkaç CD alır ve Paul'a gider çünkü Paul Almanca müzik dinlemek ister.

Seine Tasche ist unter dem Tisch. Die Stühle stehen am Tisch. Robert nimmt ein paar CDs in die Hand und geht zu Pauls Zimmer, weil Paul deutsche Musik hören will.

Paul odasında masada. Onun kedisi masanın altında. Kedinin önünde biraz ekmek var. Kedi ekmeği yiyor. Robert CDleri Paul'a verir. CDlerde en iyi Alman müziği vardır. Paul Alman şarkıcıların isimlerini de bilmek ister. Robert en sevdiği şarkıcıları söyler. O, Blümchen'i, Nena'yı ve Herbert Grönemeyer'i söyler. Bu isimler Paul'a yenidir.

Paul sitzt in seinem Zimmer am Tisch. Seine Katze ist unter dem Tisch. Vor der Katze liegt etwas Brot. Die Katze isst das Brot. Robert gibt Paul die CDs. Auf den CDs ist die beste deutsche Musik. Paul will auch die Namen der deutschen Sänger wissen. Robert nennt seine Lieblingssänger. Er nennt Jan Delay, Nena und Herbert Grönemeyer. Diese Namen sind Paul neu.

O, CDleri dinler ve sonra Almanca şarkıları söylemeye başlar! O, bu şarkıları çok beğenir. Paul, Robert'dan şarkıların kelimelerini yazmasını ister. Robert, Paul için en iyi Almanca şarkıların kelimelerini yazar. Paul bazı şarkıların kelimelerini öğrenmek istediğini söyler ve Robert'tan yardım ister. Robert, Paul'un bu Almanca kelimeleri öğrenmesine yardım eder. Çok zaman alır çünkü Robert iyi İngilizce konuşamaz. Robert utanır. Bazı basit tabirleri söyleyemez! Sonra Robert odasına gider ve İngilizce öğrenir.

Er hört die CDs an und beginnt dann, die deutschen Lieder zu singen! Ihm gefallen die Lieder sehr. Paul bittet Robert, den Text der Lieder aufzuschreiben. Robert schreibt die Texte der besten deutschen Lieder für Paul auf. Paul sagt, dass er die Texte von ein paar Liedern lernen will, und bittet Robert um Hilfe. Robert hilft Paul, die deutschen Texte zu lernen. Es dauert sehr lange, weil Robert nicht gut Englisch spricht. Robert schämt sich. Er kann nicht einmal ein paar einfache Sätze sagen! Dann geht Robert in sein Zimmer und lernt Englisch.

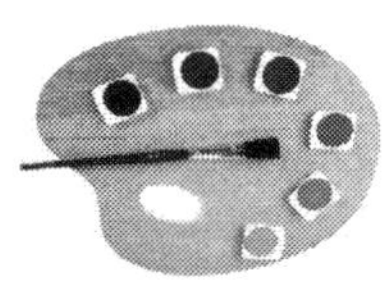

10

Paul tasarım hakkında ders kitapları alır

Paul kauft Fachbücher über Design

Kelimeler

Vokabeln

1. açıklamak - erklären
2. anadil - die Muttersprache
3. bakmak - schauen, betrachten
4. çalışmak, okumak - studieren
5. ders - die Aufgabe, Lektion
6. ders kitabı - das Fachbuch
7. dil - die Sprache
8. fiyatı (miktar) olmak - kosten
9. gerçekten - wirklich
10. görmek - sehen
11. güle güle - tschüss
12. herhangi - irgendwelche
13. iyi - gut
14. merhaba - hallo
15. onu/ona - ihm
16. ödemek - zahlen

17. program - das Programm
18. resim - das Foto
19. sadece - nur
20. seçmek - wählen, aussuchen
21. tasarım - das Design
22. tür - die Art
23. üniversite - die Universität, die Uni

B

Paul Kanadalı ve İngilizce onun anadili. O San Francisco'da üniversitede tasarım okuyor. Bugün Cumartesi ve Paul'un çok fazla boş vakti var. Tasarım hakkında bazı kitaplar almak istiyor. En yakın kitap mağazasına gider. Tasarım hakkında belki birkaç kitapları vardır. Mağazaya gelir ve kitaplı masalara bakar. Bir kadın Paul'a gelir. O bir satıcı. Satıcı ona "Merhaba. Size yardım edebilir miyim?" diye sorar.
"Merhaba," der Paul, "Ben üniversitede tasarım okuyorum. Bazı ders kitaplarına ihtiyacım var. Tasarım hakkında hiç kitabınız var mı?" diye ona sorar Paul. "Ne tür tasarım? Mobilya tasarımı, araba tasarımı, spor tasarımı, internet tasarımı hakkında bazı okuma kitaplarımız var," diye açıklar ona. Paul ona "Bana mobilya tasarımı ve internet tasarımı hakkında birkaç kitap gösterir misiniz?" der.
"Sonraki masalardan kitapları seçebilirsiniz. Onlara bakın. Bu İtalyan mobilya tasarımcısı Palatino'nun bir kitabı. Bu tasarımcı İtalyan mobilyasının tasarımını açıklar. O, Avrupa'nın ve ABD'nin de mobilya tasarımını açıklar. Orada birkaç iyi resim vardır," diye açıklar satıcı.
"Kitapta da bazı dersler olduğunu görüyorum. Bu kitap gerçekten iyi. Ne kadar?" diye ona sorar Paul
"Onun fiyatı 52 dolar. Ve kitapla bir CD elde edersiniz. CD'de mobilya tasarımı için bir bilgisayar programı vardır," diye ona açıklar satıcı.
"Gerçekten onu beğendim," der Paul.
"Orada internet tasarımı hakkında birkaç kitap görebilirsin," diye ona açıklar kadın, "Bu kitap bilgisayar programı Microsoft Office hakkında.

Paul ist Kanadier und seine Muttersprache ist Englisch. Er studiert Design an der Universität in San Francisco.
Heute ist Samstag und Paul hat viel Freizeit. Er will ein paar Bücher über Design kaufen. Er geht zum Buchladen in der Nähe. Der könnte Fachbücher über Design haben. Er kommt in den Laden und betrachtet den Tisch mit Büchern. Eine Frau kommt zu Paul. Sie ist eine Verkäuferin.
„Hallo, kann ich Ihnen helfen?", fragt ihn die Verkäuferin.
„Hallo", sagt Paul. „Ich studiere Design an der Universität. Ich brauche ein paar Fachbücher. Haben Sie irgendwelche Fachbücher über Design?", fragt Paul.
„Welche Art von Design? Wir haben Fachbücher über Möbeldesign, Autodesign, Sportdesign oder Internetdesign", erklärt sie ihm.
„Können Sie mir Fachbücher über Möbeldesign und Internetdesign zeigen?", fragt Paul.
„Sie können sich Bücher von den nächsten Tischen aussuchen. Schauen Sie sie sich an. Dies ist ein Buch von dem italienischen Möbeldesigner Palatino. Dieser Designer erklärt das Design italienischer Möbel. Er erklärt auch europäisches und amerikanisches Möbeldesign. In dem Buch sind einige gute Bilder", erklärt die Verkäuferin.
„Ich sehe, dass das Buch auch Aufgaben enthält. Dieses Buch ist wirklich gut. Wie viel kostet es?", fragt Paul.
„Es kostet zweiundfünfzig Dollar. Und mit dem Buch kommt eine CD. Auf der CD ist ein Computerprogramm für Möbeldesign", sagt die Verkäuferin.
„Das gefällt mir wirklich", sagt Paul.
„Dort können Sie sich ein paar Fachbücher über Internetdesign anschauen", erklärt ihm die

Ve bu kitaplar bilgisayar programı Flash hakkında. Şu kırmızı kitaba bakın. O, Flash hakkında ve bazı ilginç derslere sahip. Seçin, lütfen."
"Bu kırmızı kitap ne kadar?" diye ona sorar Paul.
"Bu kitap, iki CD ile, sadece 43 dolar," der ona satıcı.
"Mobilya tasarımı hakkında Palatino'nun bu kitabını ve Flash hakkında bu kırmızı kitabı almak istiyorum. Onlara kaç para ödemeliyim?" diye sorar Paul.
"Bu iki kitap için 95 dolar ödemen gerekiyor," der ona satıcı. Paul öder. Sonra kitapları ve CDleri alır.
"Güle güle," der ona satıcı.
"Güle güle," der ona Paul ve gider.

Frau. „Dieses Buch ist über das Computerprogramm Microsoft Office. Und diese Bücher sind über das Computerprogramm Flash. Schauen Sie sich dieses rote Buch an. Es ist über Flash und es enthält einige interessante Lektionen. Suchen Sie sich eins aus."
„Wie viel kostet das rote Buch?", fragt Paul.
„Dieses Buch mit zwei CDs kostet nur dreiundvierzig Dollar", sagt die Verkäuferin.
„Ich möchte das Buch von Palatino über Möbeldesign und das rote Buch über Flash kaufen. Wie viel muss ich dafür zahlen?", fragt Paul.
„Sie müssen fünfundneunzig Dollar für diese zwei Bücher zahlen", sagt die Verkäuferin. Paul zahlt. Dann nimmt er die Bücher und die CDs.
„Tschüss", sagt die Verkäuferin zu ihm.
„Tschüss", sagt Paul und geht.

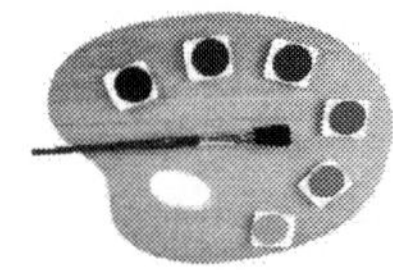

11

Robert biraz para kazanmak istiyor (bölüm 1)

Robert will ein bisschen Geld verdienen (Teil 1)

Kelimeler

Vokabeln

1. anlamak - verstehen
2. bir tane daha - noch einen
3. bölüm - der Teil
4. cevap - antworten, erwidern
5. cevaplamak - die Antwort
6. çabuk, çabucak - schnell
7. daha iyi - besser
8. devam edecek - Fortsetzung folgt
9. enerji - die Energie
10. genellikle - normalerweise
11. gün - der Tag; günlük - täglich, jeden Tag
12. kamyon - der Lastwagen
13. kazanmak - verdienen; Saatte 10 dolar kazanırım. - Ich verdiene zehn Dollar pro Stunde.

14. kutu - die Kiste
15. liste - die Liste
16. not - die Notiz
17. numara - die Nummer
18. olağan - normal
19. personel departmanı - die Personalabteilung
20. saat - die Stunde; saat başı - stündlich
21. saat - Uhr; Saat iki. - Es ist zwei Uhr.
22. son - das Ende; bitirmek - beenden
23. sonra - nach
24. tamam, iyi - gut, alles klar
25. taşıma - der Transport
26. yüklemek - beladen; yükleyici - der Verlader
27. zor - schwer

B

Robert'ın üniversiteden sonra günlük boş zamanı var. O biraz para kazanmak istiyor. O bir iş acentesine gider. Ona bir taşıma firmasının adresini verirler. Taşıma firması *Rapid*'in bir yükleyiciye ihtiyacı vardır. Bu iş gerçekten zor. Ancak saatlik 11 dolar öderler. Robert bu işi almak ister. Böylece taşıma firmasının ofisine gider.
"Merhaba. Bir iş acentesinden sizin için bir notum var," der Robert firmanın personel departmanındaki kadına. O, kadına notu verir.
"Merhaba," der kadın, "Benim adım Margaret Bird. Ben personel departmanının başıyım. Senin adın ne?"
"Benim adım Robert Genscher," der Robert.
"Sen Amerikalı mısın?" sorar Margaret.
"Hayır. Almanım," diye cevaplar Robert.
"İngilizceyi iyi konuşabiliyor ve okuyabiliyor musun?" diye sorar kadın.
"Evet, yapabilirim," der o.
"Kaç yaşındasın, Robert?" diye sorar kadın.
"Ben yirmi yaşındayım," diye cevaplar Robert.
Personal departmanının başı, "Taşıma firmasında yükleyici olarak çalışmak ister misin?" diye sorar ona.
Robert iyi İngilizce konuşamadığı için daha iyi bir işe sahip olamadığını söylemeye utanır. Bu yüzden der ki: "Saatte 11 dolar kazanmak istiyorum."
"Pekala," der Margaret, "Taşıma firmamızın genellikle çok yükleme işi yoktur. Ancak şimdi gerçekten bir yükleyiciye daha ihtiyacımız var. 20 kilogram yüklü kutuları çabucak yükleyebilir

Robert hat jeden Tag nach der Universität freie Zeit. Er will ein bisschen Geld verdienen. Er geht in eine Arbeitsvermittlung. Sie geben ihm die Adresse einer Transportfirma. Die Transportfirma Rapid braucht einen Verlader. Diese Arbeit ist wirklich schwer. Aber sie bezahlen elf Dollar pro Stunde. Robert will den Job annehmen. Also geht er zum Büro der Transportfirma.„Hallo. Ich habe eine Notiz für Sie von einer Arbeitsvermittlung", sagt Robert zu einer Frau in der Personalabteilung der Firma. Er gibt ihr die Notiz.
„Hallo", sagt die Frau. „Ich bin Margaret Bird. Ich bin die Leiterin der Personalabteilung. Wie heißen Sie?"
„Ich heiße Robert Genscher", sagt Robert.
„Sind Sie Amerikaner?", fragt Margaret.
„Nein, ich bin Deutscher", antwortet Robert.
„Können Sie gut Englisch sprechen und schreiben?", fragt sie.
„Ja", sagt er.
„Wie alt sind Sie?", fragt sie.
„Ich bin zwanzig", antwortet Robert.
„Wollen Sie in der Transportfirma als Verlader arbeiten?", fragt ihn die Leiterin der Personalabteilung.
Robert schämt sich, zu sagen, dass er keine bessere Arbeit haben kann, weil er nicht gut Englisch spricht. Deswegen sagt er: „Ich möchte elf Dollar pro Stunde verdienen."
„Na gut", sagt Margaret. „Normalerweise hat unsere Transportfirma nicht viel Verladearbeit. Aber gerade brauchen wir wirklich noch einen Verlader. Können Sie

misin?"
"Evet, yükleyebilirim. Çok enerjim var," diye cevaplar Robert.
"Günlük üç saat için bir yükleyiciye ihtiyacımız var. Saat dörtten yediye kadar çalışabilir misin?" diye sorar kadın.
"Evet, derslerim saat birde biter," diye ona cevaplar öğrenci.
Personal departmanının başı, "İşe ne zaman başlayabilirsin?" diye sorar ona.
"Şimdi başlayabilirim," diye cevaplar Robert.
"Peki. Bu yükleme listesine bak. Listede bazı firmaların be mağazaların isimleri var," diye açıklar Margaret, "Her firmanın mağazanın birkaç numarası vardır. Onlar kutuların numaralarıdır. Ve bunlar kutuları yüklemen gereken kamyonların numaralarıdır. Kamyonlar saat başı gelir ve giderler. Bu yüzden çabucak çalışman gerekiyor. Tamam mı?"
"Tamam," diye cevaplar Robert, Margaret'ı tam anlamadan.
Personel departmanı başı, "Şimdi bu yükleme listesini al ve üç numaralı yükleme kapısına git," der Robert'a. Robert yükleme listesini alır ve işe gider.

(devam edecek)

schnell Kisten mit zwanzig Kilogramm Ladung verladen?"
„Ja, das kann ich. Ich habe viel Energie", antwortet Robert.
„Wir brauchen einen Verlader für drei Stunden täglich. Können Sie von vier bis sieben Uhr arbeiten?", fragt sie.
„Ja, mein Unterricht endet um ein Uhr", antwortet der Student.
„Wann können Sie anfangen, zu arbeiten?", fragt ihn die Leiterin der Personalabteilung.
„Ich kann jetzt anfangen", erwidert Robert.
„Gut. Schauen Sie sich diese Ladeliste an. Dort stehen Namen von Firmen und Läden", erklärt Margaret. „Bei jeder Firma und jedem Laden stehen ein paar Nummern. Das sind die Nummern der Kisten. Und das sind die Nummern der Lastwägen, auf die Sie die Kisten laden müssen. Die Lastwägen kommen und gehen stündlich. Sie müssen also schnell arbeiten. Alles klar?"
„Alles klar", antwortet Robert, ohne Margaret richtig zu verstehen.
„Nehmen Sie jetzt diese Ladeliste und gehen Sie zur Ladetür Nummer drei", sagt die Leiterin der Personalabteilung zu Robert.
Robert nimmt die Ladeliste und geht arbeiten.

(Fortsetzung folgt)

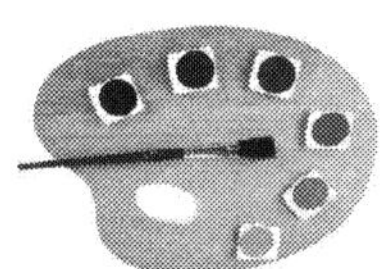

12

Robert biraz para kazanmak istiyor (bölüm 2)

Robert will ein bisschen Geld verdienen (Teil 2)

Kelimeler

Vokabeln

1. anne - Mama, die Mutter
2. Bay - Herr, Hr.
3. buluşmak, tanışmak - treffen, kennenlernen
4. burada - hier ist
5. buraya (yer) - hier (Ort)
6. buraya (yön) - hierher (Richtung)
7. doğru, doğru olarak - richtig
8. düzeltmek - korrigieren
9. geri - zurück

10. getirmek - bringen
11. kalkmak - aufstehen; Kalk! - Steh auf!
12. kötü - schlecht
13. memnun - froh
14. nefret etmek - hassen
15. oğul - der Sohn
16. onların - ihr
17. öğretmen - der Lehrer
18. pazartesi - Montag
19. sebep - der Grund
20. senin - dein
21. senin yerine - an deiner Stelle
22. sürmek - fahren
23. şoför - der Fahrer
24. üzgün olmak - leid tun; Üzgünüm. - Es tut mir leid.
25. yanlış - falsch
26. yerine - anstelle von
27. yürümek - gehen

B

Üç numaralı yükleme kapısında birçok kamyon var. Onlar yüklerini geri getirerek geri geliyorlar. Personel departmanı başı ve firma başı oraya gelir. Onlar Robert'a gelirler. Robert kutuları bir kamyona yüklüyor. O çabucak çalışıyor.
"Hey Robert! Lütfen, buraya gel," diye Margaret onu çağırır, "Bu firmanın başı, Bay Profit."
"Sizinle tanıştığıma memnun oldum," der Robert onlara gelerek.
"Ben de," diye cevaplar Bay Profit, "Senin yükleme listen nerede?"
"Burada," Robert ona yükleme listesini verir.
"Pekala," der Bay Profit listeye bakarken, "Şu kamyonlara bak. Yüklerini geri getirerek geri geliyorlar çünkü kutuları yanlış yüklüyorsun. Kitaplı kutular kitap mağazası yerine bir mobilya mağazasına gidiyor, video kasetli ve DVDli kutular video mağazası yerine bir kafeye gidiyor, ve sandviçli kutular kafe yerine bir video mağazasına gidiyor! Bu kötü iş! Üzgünüm ancak firmamızda çalışamazsın," der Bay Profit ve ofise geri yürür.
Robert kutuları doğru yükleyemiyor çünkü o çok az İngilizce kelime okuyabiliyor ve anlayabiliyor. Margaret ona bakar. Robert utanır.
"Robert, daha iyi İngilizce öğrenip geri gelebilirsin, tamam mı?" der Margaret.
"Tamam," diye cevaplar Robert, "Güle güle

An der Ladetür Nummer 3 stehen viele Lastwagen. Sie kommen mit ihrer Ladung zurück. Die Leiterin der Personalabteilung und der Firmenchef kommen dorthin. Sie gehen zu Robert. Robert lädt Kisten in einen Lastwagen. Er arbeitet schnell.
„Hey Robert! Komm bitte hierher!", ruft Margaret. „Das ist der Chef der Firma, Herr Profit."
„Es freut mich, Sie kennenzulernen", sagt Robert auf sie zugehend.
„Mich auch", antwortet Hr. Profit. „Wo ist Ihre Ladeliste?"
„Hier ist sie." Robert gibt ihm die Ladeliste.
„Na gut", sagt Hr. Profit, während er auf die Liste schaut. „Sehen Sie diese Lastwagen? Sie bringen ihre Fracht zurück, weil Sie die Kisten falsch verladen haben. Die Kisten mit Büchern werden zu einem Möbelladen gebracht anstelle von einem Buchladen, die Kisten mit Videos und DVDs zu einem Café anstelle von einer Videothek und die Kisten mit Sandwiches zu einer Videothek anstelle von einem Café! Das ist schlechte Arbeit! Es tut mir leid, aber Sie können nicht in unserer Firma arbeiten", sagt Hr. Profit und geht zurück in sein Büro.
Robert kann die Kisten nicht richtig verladen, weil er nur sehr wenig Englisch lesen und verstehen kann. Margaret sieht ihn an. Robert schämt sich.
„Robert, du kannst dein Englisch verbessern und dann wiederkommen, ok?", sagt Margaret.
„Ok", antwortet Robert. „Tschüss Margaret".

Margaret."
"Güle güle Robert," diye cevaplar Margaret. Robert eve yürür. Şimdi daha iyi İngilizce öğrenmek ve sonra yeni bir iş edinmek ister.

„Tschüss Robert", antwortet Margaret. Robert geht nach Hause. Er will jetzt sein Englisch verbessern und sich dann eine neue Arbeit suchen.

Üniversiteye gitme vakti

Pazartesi sabahı bir anne oğlunu uyandırmak için odaya gelir.
"Uyan, saat yedi oldu. Üniversiteye gitme vakti!"
"Ama neden, anne? Gitmek istemiyorum."
"Neden gitmek istemediğinin iki sebebini bana söyle," der anne oğluna.
"Birincisi, öğrenciler benden nefret ediyor ve öğretmenler de benden nefret ediyor!"
"Ah, onlar üniversiteye gitmemenin sebepleri değil. Uyan!"
"Tamam. Üniversiteye neden gitmem gerektiğinin iki sebebini bana söyle," der o annesine.
"Pekala, birincisi, 55 yaşındasın. Ve ikincisi de, üniversitenin başısın! Şimdi uyan!"

Es ist an der Zeit, in die Uni zu gehen

An einem Montagmorgen kommt eine Mutter ins Zimmer, um ihren Sohn aufzuwecken.
„Steh auf, es ist sieben Uhr. Es ist an der Zeit, in die Uni zu gehen!"
„Aber warum, Mama? Ich will nicht gehen."
„Nenne mir zwei Gründe, warum du nicht gehen willst", sagt die Mutter zu ihrem Sohn.
„Die Studenten hassen mich und die Lehrer auch!"
„Oh, das sind keine Gründe, um nicht in die Uni zu gehen. Steh auf!"
„Ok. Nenn mir zwei Gründe, warum ich in die Uni muss", sagt er zu seiner Mutter.
„Gut, einerseits, weil du fünfundfünfzig Jahre alt bist. Und andererseits, weil du der Direktor der Universität bist! Steh jetzt auf!"

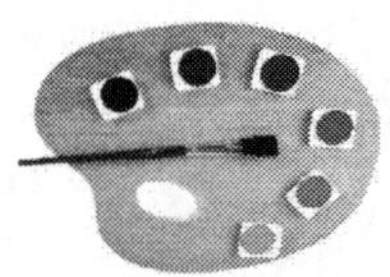

Fortgeschrittene Anfänger Stufe A2

13

Otelin adı

Der Name des Hotels

Kelimeler

Vokabeln

1. açmak - öffnen
2. akşam - der Abend
3. aptal - dumm
4. aracılığıyla, -den geçerek - hindurch
5. asansör - der Aufzug
6. aşağı - nach unten
7. ayak - der Fuß
8. ayakta durmak - stehen
9. başka (bir) - ein anderer, eine andere, ein anderes
10. bulmak - finden
11. durmak - anhalten
12. gece - die Nacht
13. geçmiş - vorbei
14. göl - der See
15. görmek - sehen
16. göstermek - zeigen
17. gülümseme - das Lächeln
18. gülümsemek - lächeln
19. ilan - die Werbung
20. kızgın - wütend
21. köprü - die Brücke
22. Polonya - Polen
23. sonra - dann

24. sürpriz - die Überraschung
25. şaşırmış - überrascht, verwundert
26. şaşırtmak - überraschen
27. şimdi, şu an - jetzt, zurzeit, gerade
28. taksi - das Taxi
29. taksi şoförü - der Taxifahrer
30. uyumak - schlafen
31. uzak, uzağa - weg
32. üzerinden, üstünden - über
33. yayan - zu Fuß
34. yine - wieder
35. yol - der Weg
36. yorgun - müde
37. yuvarlak, etrafından - rund
38. yürümek - gehen
39. zaten - schon

B

Bu bir öğrenci. Onun adı Kasper. Kasper Polonyalı. O İngilizce konuşamıyor. O, ABD'de bir üniversitede İngilizce öğrenmek istiyor. Kasper şimdi San Francisco'da bir otelde yaşıyor.

O şu an kendi odasında. Haritaya bakıyor. Harita çok iyi. Kasper haritadaki caddeleri, meydanları ve mağazaları görür. O, odanın dışına çıkar ve uzun koridor aracılığıyla asansöre gider. Asansör onu aşağıya indirir. Kasper büyük salondan geçerek otelin dışına gider.

Otelin yakınında durur ve otelin ismini defterine yazar.

Otelde yuvarlak bir meydan ve bir göl vardır. Kasper meydan üzerinden göle gider. O, gölün etrafından köprüye yürür. Birçok araba, kamyon ve insan köprünün üstünden geçer. Kasper köprünün altından geçer. Sonra şehir merkezine giden bir caddede yürür. Birçok güzel binanın yanından geçer.

Akşam olmuş bile. Kasper yorgun ve otele geri dönmek ister. Bir taksi durdurur, defterini açar ve otelin ismini taksi şoförüne gösterir. Taksi şoförü deftere bakar, gülümser, ve arabayla uzaklaşır.

Kasper bunu anlayamaz. O durur ve defterine bakar. Sonra o başka bir taksi durdurur ve yine otelin ismini taksi şoförüne gösterir. Şoför deftere bakar. Sonra Kasper'e bakar, gülümser ve o da arabayla uzaklaşır.

Kasper şaşırmıştır. Başka bir taksi durdurur. Ancak bu taksi de uzaklaşır. Kasper bunu

Das ist ein Student. Er heißt Kasper. Kasper kommt aus Polen. Er spricht kein Englisch. Er will an einer Universität in den USA Englisch lernen. Kasper wohnt zurzeit in einem Hotel in San Francisco.

Gerade ist er in seinem Zimmer. Er schaut auf die Karte. Diese Karte ist sehr gut. Kasper sieht Straßen, Plätze und Läden auf der Karte. Er geht aus dem Zimmer und durch den langen Gang zum Aufzug. Der Aufzug bringt ihn nach unten. Kasper geht durch die große Halle und aus dem Hotel. Er hält in der Nähe des Hotels an und schreibt den Namen des Hotels in sein Notizbuch.

Beim Hotel gibt es einen runden Platz und einen See. Kasper geht über den Platz zum See. Er geht um den See zur Brücke. Viele Autos, Lastwägen und Menschen überqueren die Brücke. Kasper geht unter der Brücke hindurch. Dann geht er eine Straße entlang zum Stadtzentrum. Er geht an vielen schönen Gebäuden vorbei.

Es ist schon Abend. Kasper ist müde und will zurück ins Hotel gehen. Er hält ein Taxi an, öffnet dann sein Notizbuch und zeigt dem Taxifahrer den Namen des Hotels. Der Taxifahrer schaut in das Notizbuch, lächelt und fährt weg. Kasper versteht nichts. Er steht da und schaut in sein Notizbuch. Dann hält er ein anderes Taxi an und zeigt dem Taxifahrer wieder den Namen des Hotels. Der Fahrer schaut in das Notizbuch. Dann schaut er Kasper an, lächelt und fährt auch weg.

Kasper ist verwundert. Er hält ein anderes Taxi an. Aber auch dieser Taxifahrer fährt weg. Kasper kann das nicht verstehen. Er ist

anlayamaz. Şaşırmıştır ve kızgındır. Ancak aptal değildir. Haritasını açar ve otelin yolunu bulur. Otele yayan geri döner.
Gecedir. Kasper yatağındadır. O uyuyor. Yıldızlar pencere aracılığıyla odaya bakıyor. Defter masada. Defter açık. “Ford en iyi arabadır”. Bu otelin ismi değildir. Bu otel binasındaki bir ilandır.

verwundert und wütend. Aber er ist nicht dumm. Er öffnet seine Karte und findet den Weg zum Hotel. Er kehrt zu Fuß zum Hotel zurück.
Es ist Nacht. Kasper ist in seinem Bett. Er schläft. Die Sterne schauen durch das Fenster ins Zimmer. Das Notizbuch liegt auf dem Tisch. Es ist offen. „Ford ist das beste Auto". Das ist nicht der Name des Hotels. Das ist Werbung am Hotelgebäude.

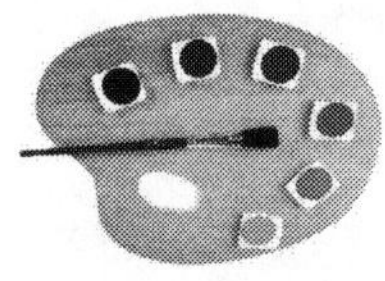

14

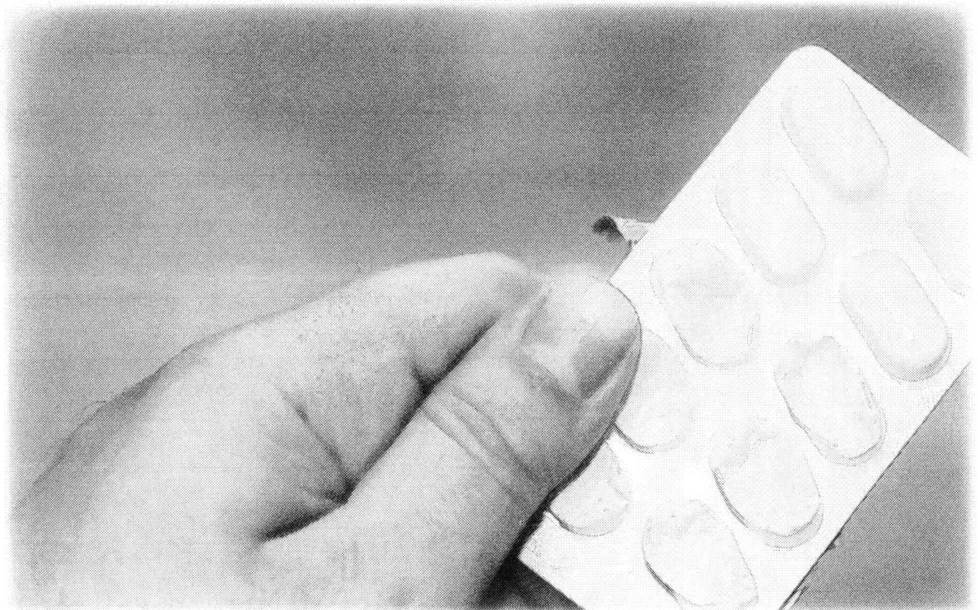

Aspirin

Aspirin

Kelimeler

Vokabeln

1. (bir yere) gitmek - ankommen
2. (birşey) almak - (etwas) erhalten
3. (kağıt) yaprak - das Blatt
4. akıllı - intelligent
5. ara, mola - die Pause
6. aspirin - das Aspirin
7. beyaz - weiß
8. bir sınavı geçmek - eine Prüfung bestehen
9. bir şey - etwas
10. biraz, birkaç - einige
11. cevap - die Lösung
12. çocuk - der Junge
13. denemek - versuchen
14. düşünmek - denken
15. eczane - die Apotheke
16. elbette - natürlich
17. -en, -dığı - dass
18. geçe - nach
19. genellikle - oft
20. görev - die Aufgabe
21. gri - grau

22. hap - die Tablette
23. için - für
24. kağıt - das Papier
25. kimya - die Chemie
26. kimyasal - chemisch
27. kimyasallar - die Chemikalien
28. kokmuş - stinkend
29. kristal - das Kristall
30. masa - der Schreibtisch
31. muhteşem - wunderbar
32. on - zehn
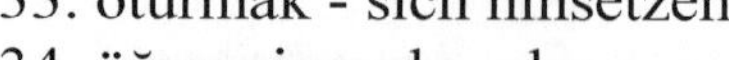
33. oturmak - sich hinsetzen
34. öğrenci yurdu - das Studentenwohnheim
35. saat - die Uhr
36. saat birde - um eins
37. sekiz buçukta - um halb neun
38. sınav - die Prüfung
39. sınıf - das Klassenzimmer
40. sonunda - schließlich
41. test etmek - prüfen
42. yarım - halb

Bu Robert'ın arkadaşı. Onun adı Paul. Paul Kanadalı. İngilizce onun anadili. O Fransızcayı da çok iyi konuşur. Paul öğrenci yurdunda yaşar. Paul şimdi odasında.
Paul'un bugün kimya sınavı var. O saatine bakıyor. Saat sekiz. Gitme vakti.
Paul dışarı çıkar. O, üniversiteye gider. Üniversite öğrenci yurtlarının yakınındadır. Onun üniversiteye gitmesi yaklaşık on dakika sürer. Paul kimya sınıfına gelir. Kapıyı açar ve sınıfa bakar. Orada birkaç öğrenci ve öğretmen vardır. Paul sınıfa gelir.
"Merhaba," der o.
"Merhaba," öğretmen ve öğrenciler cevaplar. Paul sırasına gelir ve oturur. Kimya sınavı sekiz buçukta başlar. Öğretmen Paul'un sırasına gelir.
"İşte görevin," der öğretmen. Sonra Paul'a görevle bir kağıt yaprağı verir, "Aspirin yapmalısın. Sekiz buçuktan saat onikiye kadar çalışabilirsin. Başla, lütfen," der öğretmen.
Paul bu görevi bilir. Birkaç kimyasal alır ve başlar. On dakika boyunca çalışır. Sonunda gri ve kokan bir şey elde eder. Bu iyi aspirin değildir. Paul büyük beyaz aspirin kristalleri elde etmesi gerektiğini bilir. Sonra tekrar ve tekrar dener. Paul bir saat boyunca çalışır ama yine gri ve kokan bir şey elde eder.
Paul sinirli ve yorgun. O bunu anlayamıyor.

Das ist ein Freund von Robert. Er heißt Paul. Paul kommt aus Kanada. Seine Muttersprache ist Englisch. Er spricht auch sehr gut Französisch. Paul wohnt im Studentenwohnheim. Paul ist gerade in seinem Zimmer. Paul hat heute eine Prüfung in Chemie. Er schaut auf die Uhr. Es ist acht Uhr. Es ist an der Zeit, zu gehen.
Paul geht nach draußen. Er geht zur Universität. Die Uni ist in der Nähe des Wohnheims. Er braucht etwa zehn Minuten bis zur Uni. Paul kommt zum Klassenzimmer. Er öffnet die Tür und schaut ins Klassenzimmer. Einige Studenten und der Lehrer sind da. Paul betritt das Klassenzimmer.
„Hallo", sagt er.
„Hallo", antworten der Lehrer und die Studenten. Paul geht zu seinem Schreibtisch und setzt sich hin. Die Prüfung beginnt um halb neun. Der Lehrer kommt zu Pauls Tisch.
„Hier ist deine Aufgabe", sagt der Lehrer. Dann gibt er Paul ein Blatt Papier mit der Aufgabe. „Du musst Aspirin herstellen. Du kannst von halb neun bis zwölf Uhr arbeiten. Fang bitte an", sagt der Lehrer.
Paul weiß, wie diese Aufgabe geht. Er nimmt einige Chemikalien und beginnt. Er arbeitet zehn Minuten lang. Das Ergebnis ist grau und stinkt. Das ist nicht gutes Aspirin. Paul weiß, dass er große, weiße Aspirinkristalle erhalten muss. Dann versucht er es wieder und wieder. Paul arbeitet eine Stunde lang, aber das Ergebnis ist wieder grau und stinkend.
Paul ist wütend und müde. Er kann es nicht

Durur ve biraz düşünür. Paul akıllı bir çocuk. Bir dakika boyunca düşünür ve sonra cevabı bulur! Ayağa kalkar.
"On dakikalık ara verebilir miyim?" Paul öğretmene sorar.
"Tabii ki, verebilirsin," cevaplar öğretmen.
Paul dışarı çıkar. Üniversitenin yakınında bir eczane bulur. İçeri girer ve birkaç aspirin hapı alır. On dakika sonra sınıfa geri gelir.
Öğrenciler oturur ve çalışır. Paul oturuyor.
Paul öğretmene beş dakika içinde "Sınavı bitirebilir miyim?" der.
Öğretmen Paul'un sırasına gelir. Büyük beyaz aspirin kristalleri görür. Öğretmen şaşkınlıkla durur. Bir dakika boyunca ayakta dikilip aspirine bakar.
"Bu muhteşem! Aspirinin çok iyi! Ancak bunu anlayamıyorum! Genellikle aspirin elde etmeye çalışırım ve gri ve kokan bir şey elde ederim," der öğretmen, "Sınavı geçtin," der.
Paul sınavdan sonra ayrılır. Öğretmen Paul'un masasında beyaz bir şey görür. Sıraya gelir ve aspirin haplarından kağıt bulur.
"Akıllı çocuk. Tamam, Paul. Şimdi bir sorunun var," der öğretmen.

verstehen. Er macht eine Pause und denkt ein bisschen nach. Paul ist intelligent. Er denkt ein paar Minuten nach und findet dann die Lösung! Er steht auf.
„Kann ich zehn Minuten Pause machen?", fragt er den Lehrer.
„Ja, natürlich", antwortet der Lehrer.
Paul geht nach draußen. Er findet eine Apotheke in der Nähe der Uni. Er geht hinein und kauft ein paar Tabletten Aspirin. Nach zehn Minuten kommt er zurück ins Klassenzimmer. Die Studenten sitzen da und arbeiten. Paul setzt sich hin.
„Kann ich die Prüfung beenden?", fragt Paul den Lehrer nach fünf Minuten.
Der Lehrer kommt zu Pauls Tisch. Er sieht große, weiße Aspirinkristalle. Der Lehrer ist überrascht. Er bleibt stehen und schaut eine Weile auf das Aspirin.
„Wunderbar! Dein Aspirin ist gut! Aber ich kann das nicht verstehen! Ich versuche oft, Aspirin herzustellen, aber alles, was ich herausbekomme, ist grau und stinkt", sagt der Lehrer. „Du hast die Prüfung bestanden".
Paul geht nach der Prüfung weg. Der Lehrer sieht etwas Weißes auf Pauls Tisch. Er geht zum Tisch und findet das Papier der Aspirintabletten.
„Intelligenter Junge. Na ja, Paul, jetzt hast du ein Problem", sagt der Lehrer.

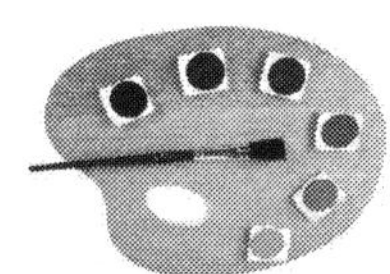

15

Nancy ve kanguru

Nancy und das Känguru

Kelimeler

Vokabeln

1. -alım/-elim - lass uns
2. aslan - der Löwe
3. bağırmak, ağlamak - weinen, schreien, rufen
4. beni, bana, benden - mich
5. beraber - zusammen
6. bize, bizi, bizden - uns
7. çekmek - ziehen
8. dondurma - das Eis
9. düşmek - fallen
10. geniş, genişçe - weit
11. güçlü, güçle - stark
12. hayvanat bahçesi - der Zoo
13. Hey! - Hey!
14. ıslak - nass
15. kanguru - das Känguru
16. kaplan - der Tiger
17. kitaplık - das Bücherregal
18. kova - der Eimer
19. kulak - das Ohr
20. kuyruk - der Schwanz
21. maymun - der Affe

22. mutlu - glücklich
23. Ne zaman, -dığı - wenn
24. ne / hangi - was, welcher/welche/welches
25. okumak, çalışmak - studieren
26. onun - sein
27. oyuncak - das Spielzeug
28. oyuncak bebek - die Puppe
29. plan - der Plan
30. planlamak - planen
31. rahatsız etmek, zahmet etmek - ärgern
32. saç - das Haar
33. sessizce - leise
34. sonbahar - der Fall
35. su - das Wasser
36. tamam, iyi - okay, gut
37. tamamen - voll
38. vurmak - schlagen
39. yıl - das Jahr
40. zavallı - arm
41. zebra - das Zebra

B

Robert şimdi bir öğrenci. O bir üniversitede okuyor. O İngilizce okuyor. Robert öğrenci yurdunda yaşar. O, Paul'un yanındaki evde yaşar. Robert şimdi odasında. Telefonu alır ve arkadaşı David'i arar.
"Alo," David çağrıya cevap verir.
"Merhaba David. Ben Robert. Nasılsın?" der Robert.
"Merhaba Robert. İyiyim. Teşekkürler. Ve sen nasılsın?" diye cevaplar David.
"Ben de iyiyim. Teşekkürler. Bir yürüyüşe çıkacağım. Bugünkü planların neler?" der Robert.
"Kız kardeşim Nancy benden onu hayvanat bahçesine götürmemi istiyor. Şimdi onu oraya götüreceğim. Beraber gidelim," der David.
"Tamam. Seninle gideceğim. Nerede buluşacağız?" diye sorar Robert.
"Olympic otobüs durağında buluşalım. Ve Paul'a da bizimle gelmesini söyle," der David.
"Tamam. Güle güle," diye cevaplar Robert.
"Görüşürüz. Güle güle," der David
Sonra Robert Paul'un odasına gider. Paul odasındadır.
"Merhaba," der Robert.
"Oh, merhaba Robert. İçeri gir, lütfen," der Paul.
Robert içeri girer.
"David, onun kız kardeşi ve ben hayvanat bahçesine gideceğiz. Bizimle beraber gider misin?" diye sorar Robert.

Robert ist jetzt Student. Er studiert an der Universität. Er studiert Englisch. Robert wohnt im Studentenwohnheim. Er ist Pauls Nachbar.
Robert ist gerade in seinem Zimmer. Er nimmt sein Telefon und ruft seinen Freund David an. David geht ans Telefon und sagt: „Hallo."
„Hallo David. Ich bin es, Robert. Wie geht's dir?", sagt Robert.
„Hallo Robert. Mir geht's gut. Danke. Und dir?", antwortet David.
„Mir geht's auch gut, danke. Ich werde einen Ausflug machen. Was hast du heute vor?", sagt Robert.
„Meine Schwester Nancy will mit mir in den Zoo gehen. Ich werde jetzt mit ihr dorthin gehen. Lass uns zusammen gehen", sagt David.
„Alles klar, ich komme mit. Wo treffen wir uns?", fragt Robert.
„Lass uns an der Bushaltestelle Olympic treffen. Und frag Paul, ob er auch mitkommen will", sagt David.
„Alles klar. Tschüss", antwortet Robert.
„Bis gleich", sagt David.
Dann geht Robert zu Pauls Zimmer. Paul ist in seinem Zimmer.
„Hallo", sagt Robert.
„Oh, hallo Robert. Komm rein", sagt Paul.
Robert betritt das Zimmer.
„David, seine Schwester und ich gehen in den Zoo. Willst du mitkommen?", fragt Robert.
„Natürlich komme ich mit", sagt Paul.

“Tabii ki, ben de gideceğim!” der Paul.
Robert ve Paul Olympic otobüs durağına arabayla giderler. Orada David ve kız kardeşi Nancy’yi görürler.
David’in kız kardeşi sadece beş yaşında. O, küçük bir kız ve o enerji dolu. O, hayvanları çok sever. Ama Nancy hayvanların oyuncak olduğunu düşünür. Hayvanlar ondan kaçar çünkü o, hayvanları çok rahatsız eder. O kuyruklarını veya kulaklarını çekebilir, bir elle veya bir oyuncakla vurabilir. Nancy’nin evde bir köpeği ve bir kedisi vardır. Nancy evdeyken köpek bir yatağın altındadır ve kedi kitaplığın üstünde oturur. Böylece o onlara ulaşamaz.
Nancy, David, Robert ve Paul hayvanat bahçesine gelirler.
Hayvanat bahçesinde birçok hayvan vardır. Nancy çok mutludur. O, aslana ve kaplana koşar. Oyuncak bebeğiyle zebraya vurur. Bir maymunun kuyruğunu o kadar güçle çeker ki tüm maymunlar ağlayarak kaçarlar. Sonra Nancy bir kanguru görür. Kanguru bir kovadan su içiyordur. Nancy gülümser ve kanguruya sessizce gelir. Ve sonra…
Nancy “Hey!! Kanguru-uu-uu!!” diye bağırır ve onun kuyruğunu çeker. Kanguru Nancy’ye gözlerini genişçe açarak bakar. Şaşkınlıkla zıplar böylece su dolu kova havaya uçar ve Nancy’nin üzerine düşer. Onun saçından, yüzünden ve elbisesinden su akar. Nancy tamamen ıslaktır.
“Sen kötü bir kangurusun! Kötü!” diye ağlar. Bazı insanlar gülümser ve bazıları der:
“Zavallı kız.”
David Nancy’yi eve götürür.
“Hayvanları rahatsız etmemelisin,” der David ve ona bir dondurma verir. Nancy dondurmayı yer.
“Tamam. Çok büyük ve kızgın hayvanlarla oynamayacağım,” diye düşünür Nancy, “Sadece küçük hayvanlarla oynayacağım.” O yine mutlu.

Robert und Paul fahren bis zur Bushaltestelle Olympic. Dort sehen sie David und seine Schwester Nancy.
Davids Schwester ist erst fünf. Sie ist ein kleines Mädchen und voller Energie. Sie mag Tiere sehr gerne. Aber Nancy denkt, dass Tiere Spielzeug sind. Die Tiere rennen vor ihr weg, weil sie sie sehr ärgert. Sie zieht sie am Schwanz oder am Ohr, schlägt sie mit der Hand oder mit einem Spielzeug. Zu Hause hat Nancy einen Hund und eine Katze. Wenn Nancy zu Hause ist, sitzt der Hund unter dem Bett und die Katze auf dem Bücherregal. So kann Nancy sie nicht kriegen.
Nancy, David, Robert und Paul betreten den Zoo.
Im Zoo gibt es sehr viele Tiere. Nancy ist glücklich. Sie rennt zu den Löwen und Tigern. Sie schlägt das Zebra mit ihrer Puppe. Sie zieht so stark am Schwanz eines Affen, dass alle Affen schreiend wegrennen. Dann sieht Nancy ein Känguru. Das Känguru trinkt Wasser aus einem Eimer. Nancy lächelt und nähert sich dem Känguru langsam. Und dann...
„Hey!!! Kängruu-uu-uu!!“, schreit Nancy und zieht es am Schwanz. Das Känguru sieht Nancy mit weit aufgerissenen Augen an. Vor Schreck macht es einen Satz, sodass der Wassereimer in die Luft fliegt und auf Nancy fällt. Wasser läuft über ihr Haar, ihr Gesicht und ihr Kleid. Nancy ist ganz nass.
„Du bist ein böses Känguru! Böse!“, ruft sie. Einige Leute lächeln und einige Leute sagen: „Armes Mädchen.“ David bringt Nancy nach Hause.
„Du darfst die Tiere nicht ärgern“, sagt David und gibt ihr ein Eis. Nancy isst das Eis.
„Okay, ich werde nicht mehr mit sehr großen und wütenden Tieren spielen“, denkt Nancy. „Ich werde nur noch mit kleinen Tieren spielen.“ Sie ist wieder glücklich.

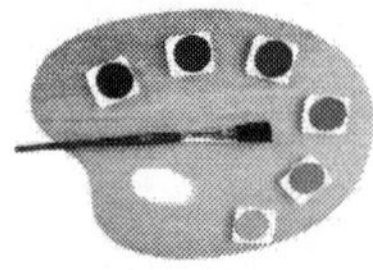

16

Paraşütçüler

Die Fallschirmspringer

A

Kelimeler

Vokabeln

1. baba - Papa
2. bölüm - der Teil
3. bu arada - übrigens
4. ceket - die Jacke
5. çatı - das Dach
6. diğer - andere
7. dokuz - neun
8. doldurulmuş - ausgestopft; doldurulmuş paraşütçü - die Fallschirmspringerpuppe
9. düşen - fallende, abgestürzte
10. eğer, -se/-sa - ob
11. eğitmek - trainieren; eğitimli - trainiert
12. gerçek - wirklich
13. giyinmiş - angezogen
14. giymek - sich anziehen

15. giysi - die Kleidung
16. hareket, numara - der Trick
17. harika - super, toll
18. hava - die Luft
19. hayat - das Leben
20. hayat kurtarma numarası - der Rettungstrick
21. hazırlamak, hazırlanmak - vorbereiten
22. iç, içinde - in
23. inanmak - glauben; gözlerine inanamamak - seinen Augen nicht trauen
24. inmek - aussteigen
25. itmek - stoßen, ziehen
26. kapatmak - schließen
27. kara, karaya inmek - landen
28. kendi - eigener, eigene, eigenes
29. kırmızı - rot
30. koltuk - der Sitz; (bir yere) oturmak - sich hinsetzen
31. kulüp - der Verein
32. kurtarmak - retten
33. lastik - der Gummi
34. metal - das Metall
35. olmak - sein
36. pantolon - die Hose
37. paraşüt - der Fallschirm
38. paraşütçü - der Fallschirmspringer
39. pilot - der Pilot
40. sadece - einfach
41. sarı - gelb
42. sessiz, sessizce - leise
43. seyirciler - das Publikum
44. sinirle - wütend
45. sonra - nach
46. takım - die Mannschaft
47. uçak - das Flugzeug
48. uçak gösterisi - die Flugschau
49. üye - das Mitglied
50. üzerinden, üstünden - über
51. yakalamak - fangen
52. yapmak - machen

B

Sabahtır. Robert Paul'un odasına gelir. Paul masada oturuyor ve bir şey yazıyor. Paul'un kedisi Favorite Paul'un yatağında. Sessizce uyuyor.
"Gelebilir miyim?" diye sorar Robert.
"Oh, Robert. Lütfen gel. Nasılsın?" diye cevaplar Paul.
"İyiyim. Teşekkürler. Sen nasılsın?" der Robert.
"İyiyim. Teşekkürler. Otur, lütfen," diye cevaplar Paul.
Robert bir sandalyede oturur.
"Biliyorsun ki bir paraşüt kulübünün üyesiyim. Bugün bir uçak gösterimiz var," der Robert, "Orada birkaç atlayış yapacağım."
"Çok ilginç," diye cevaplar Paul, "Uçak gösterisini görmeye gelebilirim."
"İstersen seni oraya götürebilirim ve sen bir uçakta uçabilirsin," der Robert.
"Gerçekten mi? Bu harika olur!" diye bağırır

Es ist Morgen. Robert kommt in Pauls Zimmer. Paul sitzt am Tisch und schreibt etwas. Pauls Katze Favorite sitzt auf Pauls Bett. Sie schläft ruhig.
„Kann ich reinkommen?", fragt Robert.
„Oh, Robert. Komm rein. Wie geht's dir?", antwortet Paul.
„Gut, danke. Und dir?", sagt Robert.

„Danke, auch gut. Setz dich", antwortet Paul.
Robert setzt sich auf einen Stuhl.

„Du weißt doch, dass ich Mitglied in einem Fallschirmspringerverein bin. Wir haben heute eine Flugschau", sagt Robert. „Ich werde ein paar Sprünge machen".
„Das ist interessant", antwortet Paul. „Ich komme vielleicht zuschauen."
„Wenn du willst, kann ich dich mitnehmen und du kannst in einem Flugzeug mitfliegen", sagt Robert.
„Echt? Das wäre super!", ruft Paul. „Um wie

Paul, “Uçak gösterisi ne zaman?”
“Sabah saat onda başlar,” diye cevaplar Robert, “David de gelecek. Bu arada doldurulmuş bir paraşütçüyü uçaktan dışarı itmemiz için yardım gerekiyor. Yardım eder misin?”
Paul şaşkınlıkla “Doldurulmuş bir paraşütçü mü? Neden?” der.
“Görüyorsun, bu gösterinin bir parçası,” der Robert, “Bu bir hayat kurtarma numarası. Doldurulmuş paraşütçü düşer. Aynı zamanda gerçek bir paraşütçü ona uçar, onu yakalar ve kendi paraşütünü açar. “Adam” kurtarılmış olur!”
“Harika!” diye cevaplar Paul, “Yardım edeceğim. Hadi gidelim!”
Paul ve Robert dışarı çıkarlar. Olympic otobüs durağına gelirler ve bir otobüse binerler. Uçak gösterisine gitmek sadece on dakika sürer. Otobüsten indiklerinde, David’i görürler.
“Merhaba David,” der Robert, “Hadi uçağa gidelim.”
Uçakta bir paraşüt takımı görürler. Takımın başına gelirler. Takımın başı kırmızı pantolon ve kırmızı bir ceket giymiştir.
“Merhaba Martin,” der Robert, “Paul ve David hayat kurtarma numarasına yardım edecekler.”
“Tamam. Doldurulmuş paraşütçü burada,” der Martin. Onlara doldurulmuş paraşütçüyü verir. Doldurulmuş paraşütçü kırmızı pantolon ve kırmızı bir ceket giymiştir.
“Senin gibi giyinmiş,” der David Martin’e gülümseyerek.
“Onun hakkında konuşmak için zamanımız yok,” der Martin, “Onu bu uçağa götürün.”
Paul ve David doldurulmuş paraşütçüyü uçağa götürürler. Pilotta bir yere otururlar. Başları hariç tüm paraşüt takımı uçağa biner. Kapıyı kapatırlar. Beş dakika içinde uçak havadadır. San Francisco üzerinden uçtuğunda David kendi evini görür.
“Bakın! Evim orada!” diye bağırır David.
Paul pencereden şehrin caddelerine, meydanlarına ve parklarına bakar. Bir uçakta uçmak muhteşemdir.

viel Uhr ist die Flugschau?“
„Sie fängt um zehn Uhr morgens an“, antwortet Robert. „David kommt auch. Übrigens, wir brauchen Hilfe, eine Fallschirmspringerpuppe aus dem Flugzeug zu werfen. Kannst du helfen?“
„Eine Fallschirmspringerpuppe? Warum?“, fragt Paul überrascht.
„Ach, weißt du, das ist ein Teil der Schau“, sagt Robert. „Es ist ein Rettungstrick. Die Puppe fällt herunter. In dem Moment fliegt ein echter Fallschirmspringer zu ihr, fängt sie und öffnet seinen eigenen Fallschirm. Der „Mann“ ist gerettet!“
„Toll!“, antwortet Paul. „Ich helfe. Lass uns gehen!“
Paul und Robert gehen nach draußen. Sie kommen zur Bushaltestelle Olympic und nehmen einen Bus. Es dauert nur zehn Minuten bis zur Flugschau. Als sie aus dem Bus steigen, sehen sie David.
„Hallo David“, sagt Robert. „Lass uns zum Flugzeug gehen.“
Beim Flugzeug sehen sie eine Fallschirmspringermannschaft. Der Führer der Mannschaft hat eine rote Hose und eine rote Jacke an.
„Hallo Martin“, sagt Robert. „Paul und David helfen beim Rettungstrick.“
„Okay. Hier ist die Puppe“, sagt Martin. Er gibt ihnen die Fallschirmspringerpuppe. Die Puppe trägt eine rote Hose und eine rote Jacke.
„Sie trägt die gleiche Kleidung wie du“, sagt David und grinst Martin an.
„Wir haben keine Zeit, darüber zu reden“, sagt Martin. „Nehmt sie mit in dieses Flugzeug.“
Paul und David bringen die Puppe ins Flugzeug. Sie setzen sich neben den Piloten. Die ganze Fallschirmspringermannschaft außer ihrem Führer besteigt das Flugzeug. Sie schließen die Tür. Nach fünf Minuten ist das Flugzeug in der Luft. Als es über San Francisco fliegt, sieht David sein Haus.
„Schau! Da ist mein Haus!“, ruft David.
Paul sieht aus dem Fenster auf Straßen, Plätze und Parks. Es ist toll, in einem Flugzeug zu fliegen.
„Zum Sprung bereit machen!“, ruft der Pilot.

Pilot "Zıplamaya hazırlanın!" diye bağırır. Paraşütçüler ayağa kalkarlar. Kapıyı açarlar. "On, dokuz, sekiz, yedi, altı, beş, dört, üç, iki, bir. Atla!" diye bağırır pilot. Paraşütçüler uçaktan atlamaya başlarlar. Karadaki seyirciler kırmızı, yeşil, beyaz, mavi ve sarı paraşütler görürler. Çok iyi görünür. Martin, paraşüt takımının başı da yukarı bakıyordur. Paraşütçüler aşağı uçuyorlar ve bazıları iniyor bile.
"Tamam. İyi iş çocuklar," der Martin ve biraz kahve içmek için yakındaki kafeye gider.
Uçak gösterisi devam eder.
"Hayat kurtarma numarasına hazırlanın!" diye bağırır pilot.
David ve Paul doldurulmuş paraşütçüyü kapıya götürürler.
"On, dokuz, sekiz, yedi, altı, beş, dört, üç, iki, bir. Atla!" diye bağırır pilot.
Paul ve David doldurulmuş paraşütçüyü kapıdan iterler. Dışarı çıkar ancak sonra durur. Lastik "eli" uçağın bir metal parçasına yakalanır.
"Gidin çocuklar!" diye bağırır pilot.
Oğlanlar doldurulmuş paraşütçüyü çok güçlü bir şekilde iterler ancak çıkaramazlar. Karadaki seyirciler uçak kapısında kırmızı giyinmiş bir adam görürler. Diğer iki adam onu itmeye çalışıyorlardır. İnsanlar gözlerine inanamaz. Bir dakika boyunca devam eder. Sonra kırmızılı paraşütçü aşağı düşer. Bir diğer paraşütçü uçaktan dışarı atlar ve onu yakalamaya çalışır. Ancak bunu yapamaz. Kırmızılı paraşütçü düşer. Çatıdan kafenin içine düşer. Seyirciler sessizce bakarlar. Sonra insanlar kırmızı giyinmiş bir adamın kafenin dışına koştuğunu görürler. Kırmızılı adam Martindir, paraşütçü takımının başı. Ancak seyirciler onun o düşen paraşütçü olduğunu sanır. O yukarı bakar ve sinirle bağırır, "Eğer bir adamı yakalayamıyorsanız o zaman denemeyin!"
Seyirci sessizdir.
"Baba, bu adam çok güçlü," der küçük kız

Die Fallschirmspringer stehen auf. Sie öffnen die Tür.
„Zehn, neun, acht, sieben, sechs, fünf, vier, drei, zwei, eins! Los!", ruft der Pilot.
Die Fallschirmspringer beginnen, aus dem Flugzeug zu springen. Das Publikum auf dem Boden sieht rote, grüne, weiße, blaue und gelbe Fallschirme. Es sieht sehr schön aus. Martin, der Führer der Mannschaft, schaut auch nach oben. Die Fallschirmspringer fliegen nach unten und einige landen bereits.
„Okay, gute Arbeit, Jungs", sagt Martin und geht in ein Café in der Nähe, um Kaffee zu trinken.
Die Flugschau geht weiter.
„Für den Rettungstrick bereit machen!", ruft der Pilot.
David und Paul bringen die Puppe zur Tür.
„Zehn, neun, acht, sieben, sechs, fünf, vier, drei, zwei, eins! Los!", ruft der Pilot.
Paul und David stoßen die Puppe aus der Tür. Sie fällt heraus, bleibt dann aber hängen. Ihre Gummihand ist an einem Metallteil des Flugzeugs hängen geblieben.
„Los, auf, Jungs!", ruft der Pilot.
Die Jungs ziehen mit aller Kraft an der Puppe, aber sie bekommen sie nicht los.
Das Publikum unten auf dem Boden sieht einen Mann in Rot gekleidet in der Flugzeugtür. Zwei andere Männer versuchen, ihn herauszustoßen. Die Leute trauen ihren Augen nicht. Es dauert etwa eine Minute. Dann fällt der Fallschirmspringer in Rot nach unten. Ein anderer Fallschirmspringer springt aus dem Flugzeug und versucht, ihn zu fangen. Aber er schafft es nicht. Der Fallschirmspringer in Rot fällt weiter. Er fällt durch das Dach in das Café. Das Publikum sieht schweigend zu. Dann sehen die Leute einen in rot gekleideten Mann aus dem Café rennen. Der Mann in Rot ist Martin, der Führer der Fallschirmspingermannschaft. Aber das Publikum denkt, dass er der abgestürzte Fallschirmspringer ist. Er schaut nach oben und ruft wütend: „Wenn ihr einen Mann nicht fangen könnt, dann versucht es nicht!"
Das Publikum ist still.
„Papa, dieser Mann ist sehr stark", sagt ein

babasına.
"O iyi eğitimli," diye cevaplar babası.
Uçak gösterisinden sonra Paul ve David Robert'a giderler.
"İşimiz nasıl?" diye sorar David.
"Ah… Oh, çok iyi. Teşekkür ederim," diye cevaplar Robert.
"Eğer yardıma ihtiyacın olursa sadece söyle," der Paul.

kleines Mädchen zu ihrem Vater.
„Er ist gut trainiert", antwortet der Vater.
Nach der Flugschau gehen David und Paul zu Robert.
„Wie war unsere Arbeit?", fragt David.
„Ähm...Oh, sehr gut. Danke", antwortet Robert.
„Wenn du Hilfe brauchst, sag es einfach", sagt Paul.

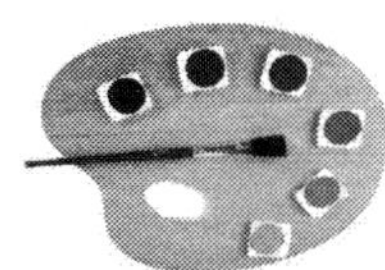

17

Gazı kapat!

Mach das Gas aus!

A

Kelimeler

Vokabeln

1. açmak - anmachen
2. an - der Moment
3. ana okulu - der Kindergarten
4. aniden - plötzlich
5. ateş, yangın - das Feuer
6. bilet - die Fahrkarte
7. bu sırada - in der Zwischenzeit
8. bu yüzden - deswegen
9. çabuk, çabucak - schnell
10. çalma sesi - das Klingeln
11. demiryolu istasyonu - der Bahnhof
12. dikkatli - sorgfältig
13. doldurmak - füllen
14. donakalmak - erstarren
15. dönmek, çevirmek - drehen
16. emretmek - befehlen
17. gaz - das Gas
18. hemen - sofort
19. her şey - alles
20. hissederek - das Gefühl

21. ısınmak - aufwärmen
22. istemek, dilemek - werden
23. kapatmak - ausmachen
24. kedicik - die Miezekatze
25. kırk dört - vierundvierzig
26. kilometre - der Kilometer
27. kim - wer
28. musluk - der Wasserhahn
29. onbir - elf
30. sekreter - die Sekretärin
31. ses - die Stimme
32. sıcak - warm
33. sinsi, sinsice - schlau
34. soluk - blass
35. söylemek, demek - sagen
36. su ısıtıcı - der Kessel
37. telefon ahizesi - der Telefonhörer
38. tren - der Zug
39. unutmak - vergessen
40. yabancı - fremd
41. yaşayan - wohnhaft
42. yaymak - übergreifen
43. yirmi - zwanzig

B

Saat sabahın yedisi. David ve Nancy uyuyorlar. Anneleri mutfakta. Annenin adı Linda. Linda kırk dört yaşında. O dikkatli bir kadın. Linda işe gitmeden önce mutfağı temizler. O bir sekreter. O San Francisco'dan yirmi kilometre uzakta çalışır. Linda genellikle işe trenle gider.
O dışarı çıkar. Demiryolu istasyonu yakındadır, bu yüzden Linda oraya yayan gider. Bir bilet alır ve bir trene biner. İşe gitmesi yaklaşık yirmi dakika sürer. Linda trende oturur ve pencereden dışarı bakar. Aniden donakalır. Su ısıtıcı! Ocakta duruyor ve o gazı kapatmayı unutmu! David ve Nancy uyuyorlar. Ateş mobilyalara yayılabilir ve sonra… Linda'nın rengi atar. Ancak o akıllı bir kadındır ve bir dakikada ne yapması gerektiğini bilir. Yanında oturan, bir kadına ve adama, evini telefon etmesini ve David'e su ısıtıcıyı söylemesini ister.
Bu sırada David uyanır, elini yüzünü yıkar ve mutfağa gider. Su ısıtıcıyı masadan alır, suyla doldurur ve ocağa koyar. Sonra ekmeği ve tereyağını alıp sandviç yapar. Nancy mutfağa gelir. "Kediciğim nerde?" diye sorar. "Bilmiyorum," diye cevaplar David. "Banyoya git ve yüzünü yıka. Şimdi biraz çay içip sandviç yiyeceğiz. Sonra seni ana okuluna götüreceğim."

Es ist sieben Uhr morgens. David und Nancy schlafen. Ihre Mutter ist in der Küche. Die Mutter heißt Linda. Linda ist vierundvierzig. Sie ist eine sorgfältige Frau. Linda putzt die Küche, bevor sie zur Arbeit geht. Sie ist Sekretärin. Sie arbeitet zwanzig Kilometer außerhalb von San Francisco. Linda fährt normalerweise mit dem Zug zur Arbeit.
Sie geht nach draußen. Der Bahnhof ist in der Nähe, deswegen geht Linda zu Fuß dorthin. Sie kauft eine Fahrkarte und steigt ein. Es dauert etwa zwanzig Minuten bis zu ihrer Arbeit. Linda sitzt im Zug und schaut aus dem Fenster. Plötzlich erstarrt sie. Der Kessel! Er steht auf dem Herd und sie hat vergessen, das Gas auszumachen. David und Nancy schlafen. Das Feuer kann auf die Möbel übergreifen und dann... Linda wird blass. Aber sie ist eine intelligente Frau und kurz darauf weiß sie, was zu tun ist. Sie bittet eine Frau und einen Mann, die neben ihr sitzen, bei ihr zu Hause anzurufen und David über den Kessel zu informieren.
In der Zwischenzeit steht David auf, wäscht sich und geht in die Küche. Er nimmt den Kessel vom Tisch, füllt ihn mit Wasser und stellt ihn auf den Herd. Dann nimmt er Brot und Butter und macht Butterbrote. Nancy kommt in die Küche. „Wo ist meine kleine Miezekatze?", fragt sie. „Ich weiß es nicht", antworte David. „Geh ins Bad und wasch dein Gesicht. Wir trinken jetzt Tee und essen Brote. Dann bring ich dich in den Kindergarten."

Nancy elini yüzünü yıkamak istemez. "Musluğu açamıyorum," der sinsice. "Sana yardım edeceğim," der kardeşi. O anda telefon çalar. Nancy çabucak telefona koşar ve ahizeyi alır.

"Alo, bu hayvanat bahçesi. Ve siz kimsiniz?" der. David ahizeyi ondan alır ve der, "Alo. Ben David."

"Sen eleven Queen caddesinde yaşayan David Tweeter mısın?" diye sorar yabancı bir kadının sesi.

"Evet," diye cevaplar David.

"Hemen mutfağa git ve gazı kapat!" diye bağırır kadının sesi.

"Sen kimsin? Neden gazı kapatmalıyım?" der David şaşkınlıkla.

"Şimdi yap!" diye emreder ses.

David gazı kapatır. Nancy ve David şaşkınlıkla su ısıtıcıya bakarlar.

"Anlamıyorum," der David, "Bu kadın çay içeceğimizi nerden biliyor?"

"Ben açım," der kız kardeşi, "Ne zaman yiyeceğiz?"

"Ben de açım," der David ve gazı yine açar. Bu dakikada telefon yeniden çalar.

"Alo," der David.

"Sen eleven Queen caddesinde yaşayan David Tweeter mısın?" diye sorar yabancı bir adamın sesi.

"Evet," diye cevaplar David.

"Ocağın gazını hemen kapat! Dikkatli ol!" diye emreder ses.

"Tamam," der David ve yine gazı kapatır. David bugün çay içmeyeceklerini hissederek "Hadi ana okuluna gidelim," der Nancy'ye.

"Hayır. Biraz çay ve tereyağlı ekmek istiyorum," der Nancy öfkeyle.

"Pekala, su ısıtıcıyı yine ısıtmayı deneyelim," der erkek kardeşi ve gazı açar.

Telefon çalar ve bu sefer anneleri gazı kapatmalarını emreder. Sonra her şeyi açıklar. Sonunda Nancy ve David çay içerler ve ana okuluna giderler.

Nancy will sich nicht waschen. „Ich kann den Wasserhahn nicht anmachen", sagt sie schlau. „Ich helfe dir", sagt ihr Bruder. In diesem Moment klingelt das Telefon. Nancy rennt schnell zum Telefon und nimmt den Hörer ab.

„Hallo, hier ist der Zoo. Und wer ist da?", sagt sie. David nimmt ihr den Hörer weg und sagt: „Hallo, David hier."

„Bist du David Tweeter, wohnhaft in der Queen Straße elf?", fragt die Stimme einer fremden Frau.

„Ja", antwortet David.

„Geh sofort in die Küche und mach das Gas aus", ruft die Stimme der Frau.

„Wer sind Sie? Warum soll ich das Gas ausmachen?", fragt David überrascht.

„Mach es jetzt!", befielt die Stimme.

David macht das Gas aus. Nancy und David sehen verwundert auf den Kessel.

„Ich verstehe das nicht", sagt David. „Woher weiß diese Frau, dass wir Tee trinken wollten?"

„Ich habe Hunger", sagt seine Schwester. „Wann essen wir?"

„Ich habe auch Hunger", sagt David und macht das Gas wieder an. In diesem Moment klingelt das Telefon wieder.

„Hallo", sagt David.

„Bist du David Tweeter, wohnhaft in der Queen Straße elf?", fragt die Stimme eines fremden Mannes.

„Ja", antwortet David.

„Mach sofort das Gas aus! Sei vorsichtig!", befiehlt die Stimme.

„Okay", sagt David und macht das Gas wieder aus.

„Lass uns in den Kindergarten gehen", sagt David zu Nancy in dem Gefühl, dass sie heute keinen Tee trinken werden.

„Nein. Ich will Tee und Brot mit Butter", sagt Nancy wütend.

„Gut, lass uns versuchen, den Kessel wieder zu wärmen", sagt ihr Bruder und stellt das Gas an. Das Telefon klingelt und dieses Mal befiehlt ihre Mutter, das Gas abzustellen. Dann erklärt sie alles. Endlich trinken Nancy und David Tee und gehen in den Kindergarten.

18

Bir iş acentesi

Eine Arbeitsvermittlung

Kelimeler

Vokabeln

1. akım - der Strom
2. altmış - sechzig
3. aynı anda - gleichzeitig
4. aynı zamanda - auch
5. aynısı - der/die/das Gleiche
6. bedensel iş - die Handarbeit
7. birbirini tanımak - sich kenen
8. cidden - ernst
9. çok yönlü - vielseitig, alles könnend
10. danışmak - beraten
11. danışman - der Berater
12. -dı/-di - war
13. dikkatle - vorsichtig
14. dikkatle dinlemek - genau zuhören
15. döşek - die Matratze
16. elektrikli - elektrisch

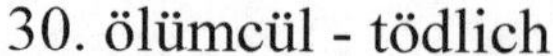

17. endişelenmek - sich Sorgen machen; Endişelenme! - Mach dir keinen Kopf!
18. gibi - da, wie
19. güçlü, kuvvetle - stark
20. hikaye - die Geschichte
21. ilerleyen - führen
22. izin vermek - lassen
23. kablo - das Kabel
24. kabul etmek - einverstanden sein
25. kafası karışmış - verwirrt
26. kır saçlı - grauhaarig
27. kol - der Arm
28. numara - die Nummer
29. onbeş - fünfzehn
30. ölümcül - tödlich
31. önermek - empfehlen
32. pozisyon - die Position
33. saatte - pro Stunde
34. sallamak, titremek - zittern
35. şehir - die Stadt
36. tabii ki - klar, sicher
37. tecrübe - die Erfahrung
38. teker teker, ayrı - einzeln
39. yardımcı - der Helfer
40. yarım - halb
41. yayın - der Verlag
42. yer - der Boden
43. zihinsel iş - die Kopfarbeit

B

Bir gün Paul Robert'ın odasına gider ve arkadaşının yatakta titrediğini görür. Paul Robert'tan elektrikli su ısıtıcıya ilerleyen elektrik kabloları görür. Paul Robert'ın ölümcül bir elektrik akımı altında olduğuna inanır. Hemen yatağa gider, döşeği tutar ve kuvvetle çeker. Robert yere düşer. Sonra ayağa kalkar ve şaşkınlıkla Paul'a bakar.
"O neydi?" diye sorar Robert.
"Elektrik akımındaydın," der Paul.
"Hayır, muzik dinliyordum," der Robert ve CD çalarını gösterir.
"Oh, üzgünüm," der Paul. Kafası karışmıştır.
"Sorun değil. Endişelenme," diye cevaplar Robert sessizce pantolonunu temizlerken.
"David ve ben bir iş acentesine gidiyoruz. Bizimle gelmek ister misin?" diye sorar Paul.
"Tabii ki. Beraber gidelim," der Robert.
Onlar dışarı çıkar ve yedi numaralı otobüse binerler. İş acentesine gitmeleri yaklaşık onbeş dakika sürer. David oradadır bile. Binaya gelirler. İş acentesi ofisine uzun bir kuyruk vardır. Onlar sırada dururlar. Yarım saat içinde ofise gelirler. Odada bir masa ve birkaç kitaplık vardır. Kır saçlı bir adam masada oturuyor. O yaklaşık altmış yaşında.
"İçeri girin çocuklar!" der arkadaşça, "Lütfen

Eines Tages kommt Paul in Roberts Zimmer und sieht seinen Freund zitternd auf dem Bett liegen. Paul sieht einige Stromkabel, die von Robert zum Wasserkocher führen. Paul glaubt, dass Robert einen tödlichen Stromschlag abbekommen hat. Er geht schnell zum Bett, nimmt die Matratze und zieht stark daran. Robert fällt auf den Boden. Dann steht er auf und sieht Paul verwundert an.
„Was war das denn?", fragt Robert.
„Du standest unter Strom", sagt Paul.
„Nein, ich habe Musik gehört", sagt Robert und zeigt auf seinen CD-Spieler.
„Oh, Entschuldigung", sagt Paul. Er ist verwirrt.
„Schon gut, mach dir keinen Kopf", sagt Robert ruhig und macht seine Hose sauber.
„David und ich gehen zu einer Arbeitsvermittlung. Willst du mitkommen?", fragt Paul.
„Klar, lass uns zusammen gehen", sagt Robert. Sie gehen nach draußen und nehmen den Bus Nummer 7. Sie brauchen etwa fünfzehn Minuten bis zur Arbeitsvermittlung. David ist schon dort. Sie betreten das Gebäude. Vor dem Büro der Arbeitsvermittlung ist eine lange Schlange. Sie stellen sich an. Nach einer halben Stunde betreten sie das Büro. Im Zimmer sind ein Stuhl und ein paar Bücherregale. Am Tisch sitzt ein grauhaariger Mann. Er ist etwa sechzig.

oturun."
David, Robert ve Paul otururlar.
"Adım George Estimator. Ben bir iş danışmanıyım. Genellikle ziyaretçilerle teker teker konuşurum. Ama siz öğrenci olduğunuz için ve birbirinizi tanıdığınız için hepinize danışmanlık yapabilirim. Kabul ediyor musunuz?"
"Evet, efendim," der David, " Her gün üç veya dört saat boş vaktimiz var. Bu zamanlar için işler bulmamız gerekiyor, efendim."
Bay Estimator "Pekala. Öğrenciler için birkaç işim var. Ve sen çalarını çıkar," der Robert'a.
"Aynı anda sizi ve müziği dinleyebilirim," der Robert.
"Eğer cidden bir iş edinmek istiyorsan çaları çıkar ve dediklerimi dikkatle dinle," der Bay Estimator, "Şimdi çocuklar ne tür bir işe ihtiyacınız olduğunu söyleyin. Zihinsel bir iş mi yoksa bedensel bir iş mi gerekiyor?"
"Her işi yaparım," der Paul, "Güçlüyüm. Kol lazım mı?" der o ve kolunu Bay Estimator'ın masasına koyar.
"Burası bir spor kulübü değil ancak istersen…" der Bay Estimator. Kolunu masaya koyar ve çabucak Paul'un kolunu aşağı iter, "Gördüğün gibi evlat, sadece güçlü olmak değil, aynı zamanda akıllı da olmalısın."
"Zihnen de çalışabilirim, efendim," der Paul yine. O bir iş edinmeyi çok istiyor. "Hikayeler yazabilirim. Yerel şehrim hakkında bazı hikayelerim var."
"Bu çok ilginç," der Bay Estimator. Bir yaprak kağıt alır, "Yayınevi "Çok-yönlü"nün bir yazım pozisyonu için genç bir yardımcıya ihtiyacı var. Saatte dokuz dolar ödüyorlar."
"Harika!" der Paul, "Deneyebilir miyim?"
"Tabii ki. İşte telefon numaraları ve adresleri," der Bay Estimator ve Paul'a bir yaprak kağıt verir.
"Ve siz de bir çiftlikte, bir bilgisayar firmasında, bir gazetede veya bir süpermarkette bir iş seçebilirsiniz. Herhangi bir deneyime sahip olmadığınız için bir çiftlikte çalışmanızı

„Kommt rein, Jungs", sagt er freundlich. „Setzt euch, bitte".
David, Robert und Paul setzen sich.
„Ich bin Georg Estimator. Ich bin Arbeitsberater. Normalerweise spreche ich einzeln mit Besuchern. Aber da ihr alle Studenten seid und euch kennt, kann ich euch zusammen beraten. Seid ihr einverstanden?"

„Ja", sagt David. „Wir haben drei, vier Stunden frei pro Tag. Wir brauchen für diese Zeit einen Job."
„Gut, ich habe ein paar Jobs für Studenten. Und du, mach deinen CD-Spieler aus", sagt Herr Estimator zu Robert.
„Ich kann gleichzeitig Ihnen zuhören und Musik hören", sagt Robert.
„Wenn du ernsthaft einen Job willst, mach die Musik aus und hör mir genau zu", sagt Herr Estimator. „Also, was für einen Job wollt ihr denn. Wollt ihr Hand- oder Kopfarbeit?"
„Ich kann jede Arbeit machen", sagt Paul. „Ich bin stark. Wollen Sie es testen?", fragt er und stützt seinen Arm auf Herrn Estimators Tisch auf.
„Das hier ist kein Sportverein, aber wenn du willst...", sagt Herr Estimator. Er stützt seinen Arm auf den Tisch auf und drückt Pauls Arm schnell nach unten. „Wie du siehst, musst du nicht nur stark, sondern auch schlau sein."
„Ich kann auch Denkarbeit machen", sagt Paul. Er will unbedingt einen Job. „Ich kann Geschichten schreiben. Ich habe ein paar Geschichten über meine Heimatstadt."

„Das ist sehr interessant", sagt Herr Estimator. Er greift nach einem Blatt Papier. „Der Verlag „All-Round" braucht einen jungen Helfer als Schreiber. Sie zahlen neun Dollar pro Stunde."
„Super", sagt Paul. „Kann ich das versuchen?"
„Natürlich. Hier sind Telefonnummer und Adresse", sagt Herr Estimator und gibt Paul ein Blatt Papier.
„Und ihr Jungs könnt zwischen einem Job auf einem Bauernhof, in einer Computerfirma, bei einer Zeitung oder im Supermarkt wählen. Da ihr keine Erfahrung habt, empfehle ich euch, mit der Arbeit auf dem Bauernhof anzufangen. Sie

tavsiye ederim. İki işçiye ihtiyaçları var," der Bay Estimator David'e ve Robert'e.
"Ne kadar ödüyorlar?" diye sorar David.
"Bir bakayım…" diyerek Bay Estimator bilgisayara bakar, "Günlük üç veya dört saat için işçiye ihtiyaçları var ve saatte yedi dolar ödüyorlar. Cumartesi ve pazar boş. Kabul ediyor musunuz?" diye sorar.
"Ben kabul ediyorum," der David.
"Ben de kabul ediyorum," der Robert.
"Pekala. Çiftliğin telefon numarasını ve adresini alın," der Bay Estimator ve onlara bir yaprak kağıt verir.
"Teşekkür ederiz, efendim" der oğlanlar ve dışarı çıkarlar.

brauchen zwei Arbeiter", sagt Herr Estimator zu David und Robert.
„Wie viel zahlen sie?", fragt David.
„Mal sehen..." Herr Estimator schaut auf den Computer. „Sie brauchen Arbeiter für drei oder vier Stunden am Tag und zahlen sieben Dollar pro Stunde. Samstag und Sonntag sind frei. Seid ihr einverstanden?", fragt er.

„Ja, bin ich", sagt David.
„Ich auch", sagt Robert.
„Gut, nehmt die Telefonnummer und die Adresse des Bauernhofs", sagt Herr Estimator und gibt ihnen eine Blatt Papier.
„Dankeschön, Herr Estimator", sagen die Jungs und gehen nach draußen.

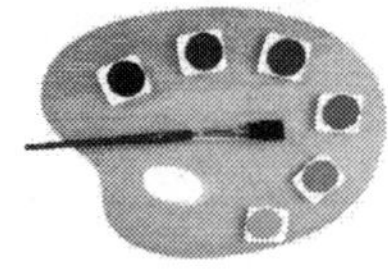

19

David ve Robert kamyonu yıkarlar (bölüm 1)

David und Robert waschen den Laster (Teil 1)

Kelimeler

Vokabeln

1. altıncı - sechster
2. avlu - der Hof
3. basmak - treten
4. başlamak - anfangen
5. beklemek - warten
6. beşinci - fünfter
7. boyunca - entlang
8. çok - viel
9. daha büyük - größer
10. daha ileri - weiter

11. daha yakın - näher
12. dalga - die Welle
13. deniz - das Meer
14. deniz kıyısı - die Küste
15. dokuzuncu - neunter
16. dördüncü - vierter
17. ehliyet - der Führerschein
18. fren - die Bremse
19. fren yapmak - bremsen
20. gemi - das Schiff
21. güç - die Stärke
22. ikinci - zweiter
23. işveren - der Arbeitgeber
24. kontrol etmek - kontrollieren
25. kullanmak - benutzen
26. kutu - die Kiste
27. makine - die Maschine
28. metre - der Meter
29. motor - der Motor
30. oldukça - ziemlich
31. onuncu - zehnter
32. ön - vorn
33. ön tekerlekler - die Vorderräder
34. önce - erst
35. sahip - der Besitzer
36. sekizinci - achter
37. süzülmek - treiben
38. tarla, alan - das Feld
39. tekerlek - das Rad
40. temizlemek - sauber machen, putzen
41. tohum - das Saatgut
42. uygun - passend
43. uzak - weit
44. üçüncü - dritter
45. varmak - ankommen
46. yakın - nahe
47. yalpalamak - schaukeln
48. yavaşça - langsam
49. yedinci - siebter
50. yıkamak - waschen, putzen
51. yol - die Straße
52. yük, yüklemek - laden
53. yükü boşaltmak - abladen

B

David ve Robert şimdi bir çiftlikte çalışıyorlar. Onlar her gün üç veya dört saat çalışırlar. İş oldukça zordur. Her gün çok fazla iş yapmalıdırlar. İki günde bir çiftlik avlusunu temizlerler. Üç günde bir çiftlik makinelerini yıkarlar. Dört günde bir çiftlik tarlalarında çalışırlar.
İşverenlerinin adı Daniel Tough. Bay Tough çiftliğin sahibi ve işin çoğunu o yapar. Bay Tough çok fazla çalışır. Ayrıca David ve Robert'a birçok iş verir.
“Hey oğlanlar, makineleri temizlemeyi bitirin, kamyonu alın ve taşıma şirketi Rapid'e gidin,” der Bay Tough, “Onların benim için bir yükü var. Kutuları kamyondaki tohumla yükleyin, onları çiftliğe getirin, ve çiftlik avlusunda yükü boşaltın. Çabuk yapın çünkü tohumu bugün kullanmam lazım. Ve kamyonu yıkamayı unutmayın.”

David und Robert arbeiten jetzt auf einem Bauernhof. Sie arbeiten drei, vier Stunden am Tag. Die Arbeit ist ziemlich schwer. Sie müssen jeden Tag viel arbeiten. Sie machen den Hof jeden zweiten Tag sauber. Sie putzen die Maschinen jeden dritten Tag. Jeden vierten Tag arbeiten sie auf den Feldern.
Ihr Arbeitgeber heißt Daniel Tough. Herr Tough ist der Besitzer des Bauernhofs und macht die meiste Arbeit. Herr Tough arbeitet sehr hart. Er gibt David und Robert auch viel Arbeit.
„Hey Jungs, macht die Maschinen fertig sauber und fahrt dann mit dem Laster zur Transportfirma Rapid“, sagt Herr Tough. „Sie haben eine Ladung für mich. Ladet die Kisten mit dem Saatgut auf den Laster, bringt sie zum Bauernhof und ladet sie auf dem Hof ab. Beeilt euch, denn ich brauche das Saatgut heute. Und vergesst nicht, den Laster zu waschen.“

"Tamam," der David. Yıkamayı bitirirler ve kamyona binerler. David'in bir ehliyeti vardır bu yüzden kamyonu o sürer. Motoru başlatır ve önce çiftlik avlusundan yavaşça sürer, sonra yol boyunca hızlıca sürer. Taşıma firması Rapid, çiftlikten uzak değildir. Onlar oraya onbeş dakikada varırlar. Orada on numaralı yükleme kapısını ararlar.
David kamyonu yükleme avlusundan dikkatle sürer. İlk yükleme kapısını geçerler, ikinci yükleme kapısını geçerler, üçüncüyü geçerler, dördüncüyü geçerler, beşinciyi geçerler, altıncıyı geçerler, yedinciyi geçerler, sekizinciyi geçerler, sonra dokuzuncu yükleme kapısını geçerler. David onuncu yükleme kapısına sürer ve durur.
Bu taşıma şirketindeki yükleme listeleriyle tecrübeye sahip olan Robert "Önce yükleme listesini kontrol etmeliyiz," der. Kapıda çalışan yükleyiciye gider ve ona yükleme listesini verir. Yükleyici beş kutuyu kamyonlarına çabucak yükler. Robert kutuları dikkatle kontrol eder. Kutulardaki tüm numaralar yükleme listesindeki numaralara sahiptir.
"Numaralar doğru. Şimdi gidebiliriz," der Robert.
"Tamam," der David ve motoru başlatır, "Bence şimdi kamyonu yıkayabiliriz. Buraya uzak olmayan uygun bir yer var".
Beş dakika içinde deniz kıyısına varırlar.
"Kamyonu burada mı yıkayacaksın?" der Robert şaşkınlıkla.
"Evet! İyi bir yer, değil mi?" der David.
"Ve kovayı nereye götüreceğiz?" diye sorar Robert.
"Herhangi bir kovaya ihtiyacımız yok. Denize çok yakın süreceğim. Suyu denizden alacağız," der David ve suya çok yakın sürer. Ön tekerlekler suya girer ve dalgalar üstlerinden geçer.
"Dışarı çıkıp yıkamaya başlayalım," der Robert.
"Bir dakika bekle. Biraz daha yakın süreceğim," der David ve bir veya iki metre

„Okay", sagt David. Sie machen die Maschine fertig sauber und steigen in den Laster. David hat einen Führerschein, deswegen fährt er. Er macht den Motor an, fährt erst langsam durch den Hof und dann schnell die Straße entlang. Die Transportfirma Rapid ist nicht weit vom Bauernhof. Sie kommen dort nach fünfzehn Minuten an. Dort suchen sie die Verladetür Nummer zehn.
David fährt den Laster vorsichtig über den Hof. Sie fahren an der ersten Verladetür vorbei, an der zweiten, an der dritten, an der vierten, an der fünften, an der sechsten, an der siebten, an der achten und dann an der neunten. David fährt zur zehnten Verladetür und hält an.

„Wir müssen erst die Ladeliste kontrollieren", sagt Robert, der schon Erfahrung mit den Ladelisten in dieser Firma hat. Er geht zum Verlader, der an der Tür arbeitet, und gibt ihm die Ladeliste. Der Verlader lädt schnell fünf Kisten in ihren Laster. Robert kontrolliert die Kisten sorgfältig. Alle Kisten haben Nummern von der Ladeliste.

„Die Nummern stimmen. Wir können jetzt gehen", sagt Robert.
„Okay", sagt David und macht den Motor an. „Ich denke, wir können jetzt den Laster waschen. Nicht weit von hier ist ein passender Ort".
Nach fünf Minuten kommen sie an die Küste.
„Willst du den Laster hier waschen?", fragt Robert überrascht.
„Ja! Schöner Platz, nicht?", sagt David.
„Und woher bekommen wir einen Eimer?", fragt Robert.
„Wir brauchen keinen Eimer. Ich fahre ganz nah ans Meer. Wir nehmen das Wasser aus dem Meer", sagt David und fährt ganz nah ans Wasser. Die Vorderräder stehen im Wasser und die Wellen umspülen sie.
„Lass uns aussteigen und anfangen, zu waschen", sagt Robert.

„Warte kurz, ich fahre noch etwas näher ran", sagt David und fährt ein, zwei Meter weiter.

daha ileri sürer, " Şimdi daha iyi."
Sonra daha büyük bir dalga gelir ve su kamyonu biraz kaldırır ve denize yavaşça ileriye taşır.
"Dur! David, kamyonu durdur!" diye bağırır Robert, "Sudayız zaten! Lütfen, dur!"
"Durmuyor!!" der David tüm gücüyle frene basarak, "Durduramıyorum!!"
Kamyon küçük bir gemi gibi dalgalarda yalpalanarak yavaşça denizde daha ileriye doğru süzülür.

(devam edecek)

„So ist es besser".
Da kommt eine größere Welle und das Wasser hebt den Laster ein bisschen nach oben und trägt ihn langsam weiter ins Meer.
„Stopp! David, halte den Laster an!", ruft Robert. „Wir sind schon im Wasser! Bitte, halte an!"
„Er hält nicht an!", ruft David und tritt mit aller Kraft die Bremse. „Ich kann ihn nicht anhalten."
Der Laster treibt langsam weiter aufs Meer und schaukelt auf den Wellen wie ein kleines Schiff.

(Fortsetzung folgt)

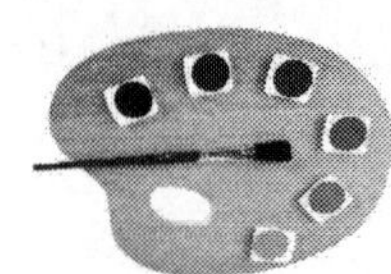

20

David ve Robert kamyonu yıkarlar (bölüm 2)

David und Robert waschen den Laster (Teil 2)

Kelimeler

Vokabeln

1. akıntı - der Fluss
2. asla - nie
3. balina - der Wal
4. beslemek - füttern
5. bilgilendirmek - informieren, mitteilen
6. bir yıl önce - vor einem Jahr
7. -di/-dı - waren
8. direksiyon çevirmek - lenken
9. durum - die Situation
10. fotoğrafçı - der Fotograf
11. fotoğraflamak - fotografieren
12. gazeteci - der Journalist
13. gülmek - lachen
14. istedik - wollte
15. iyileştirmek - gesund pflegen
16. katil - der Mörder
17. katil balina - der Schwertwal
18. kaza - der Unfall

19. keyfini çıkarmak - Spaß haben, genießen
20. kıyı - die Küste
21. kontrol - die Kontrolle
22. konuşma - die Rede
23. kurtarma hizmeti - der Rettungsdienst
24. kurtarmak - retten
25. kuş - der Vogel
26. meydana geldi - passiert
27. meydana gelmek - passieren
28. muhteşem - wunderbar
29. önce - vor
30. örneğin - zum Beispiel
31. örnek - das Beispiel
32. para - das Geld
33. petrol - das Öl
34. rehabilitasyon - die Genesung, Rehabilitation
35. rüzgar - der Wind
36. sabit - beständig
37. sağ - rechts
38. serbest bırakmak - freisetzen
39. sevgili - lieber, liebe
40. sol - links
41. süzülüyor - treiben
42. tanker - der Tanker
43. temizlenmiş - gesäubert
44. tören - die Feier
45. yangın - feuern
46. yarın - morgen
47. yirmibeş - fünfundzwanzig
48. yutmak - (hinunter)schlucken
49. yüzmek - schwimmen

B

Kamyon küçük bir gemi gibi dalgalarda yalpalanarak yavaşça denizde daha ileriye doğru süzülür. David frene ve gaza basarken sola ve sağa direksiyon çeviriyor. Ancak kamyonu kontrol edemiyor. Güçlü bir rüzgar onu kıyı boyunca ittiriyor. David ve Robert ne yapacaklarını bilmiyorlar. Sadece oturuyorlar, pencereden dışarı bakıyorlar. Deniz suyu içeriye dolmaya başlar.
"Dışarı çıkalım ve çatıda oturalım," der Robert.
Çatıda otururlar.
"Bay Tough ne diyecek, acaba?" der Robert.
Kamyon kıyıdan yirmi metre uzağa yavaşça süzülüyor. Bazı insanlar kıyıda duruyor ve şaşkınlıkla ona bakıyor.
"Bay Tough bizi kovabilir," diye cevaplar David.
Bu sırada üniversitenin başı Bay Kite ofisine gelir. Sekreteri ona bugün bir törenin olacağını söyler. Rehabilitasyondan sonra iki deniz kuşunu serbest bırakacaklar. Rehabilitasyon merkezi çalışanları Gran Pollucion tankeriyle olan kazadan sonra

Der Laster treibt langsam weiter aufs Meer und schaukelt auf den Wellen wie ein kleines Schiff. David lenkt nach links und nach rechts, während er auf die Bremse und aufs Gas tritt. Aber er kann den Laster nicht kontrollieren. Ein starker Wind trägt ihn die Küste entlang. David und Robert wissen nicht, was sie tun sollen. Sie sitzen einfach da und schauen aus dem Fenster. Das Meerwasser beginnt, in den Laster zu laufen.
„Lass uns nach draußen gehen und uns aufs Dach setzen", sagt Robert.
Sie setzen sich aufs Dach.
„Ich frage mich, was Herr Tough sagen wird", sagt Robert.
Der Laster treibt langsam etwa zwanzig Meter von der Küste entfernt. Einige Leute an der Küste bleiben stehen und schauen verwundert.
„Herr Tough wird uns wohl feuern", antwortet David.
In der Zwischenzeit kommt der Direktor der Universität, Herr Kite, in sein Büro. Die Sekretärin sagt ihm, dass es heute eine Feier gibt. Sie werden zwei Vögel nach deren Genesung freisetzen. Arbeiter des Rehabilitationszentrums haben sie nach dem Unfall mit dem Tanker Gran Pollución von Öl gesäubert. Der Unfall passierte

petrolü temizlediler. Kaza bir ay önce oldu. Bay Kite orada bir konuşma yapmalı. Tören yirmibeş dakika içinde başlayacak.
Bay Kite ve sekreteri bir taksiye binerler ve on dakikada tören yerine varırlar. O iki kuş oradadır bile. Şimdi genelde oldukları kadar beyaz değiller. Ancak artık yine yüzebilir ve uçabilirler. Orada şimdi birçok insan, gazeteci, fotoğrafçı var. İki dakika içinde tören başlar. Bay Kite konuşmasına başlar.
"Sevgili arkadaşlar!" der o, "Gran Pollucion tankeri kazası bir ay önce bu yerde oldu. Şimdi birçok kuşu ve hayvanı iyileştirmeliyiz. Çok fazla paraya mal oluyor. Örneğin bu kuşların her birinin rehabilitasyonu 5,000 dolara mal oluyor! Ve ben şimdi size şunu bildirmekten memnunum ki bir aylık rehabilitasyondan sonra bu iki muhteşem kuş serbest bırakılacak."
İki erkek, kuşların olduğu kutuyu alır, suya getirir ve açar. Kuşlar kutudan çıkar ve suya zıplarlar ve yüzerler. Fotoğrafçılar fotoğraf çeker. Gazeteciler rehabilitasyon merkezinin işçilerine hayvanlar hakkında soru sorar.
Bir an büyük bir katil balina yükselir, çabucak o iki kuşu yutar ve yine dalar. Tüm insanlar kuşların önceden olduğu yere bakarlar. Üniversitenin başı gözlerine inanamaz. Katil balina daha fazla kuş arayarak yine yükselir. Orada başka kuş olmadığı için, yine dalar. Bay Kite şimdi konuşmasını bitirmeli.
"Ah...," o uygun kelimeler seçer, "Muhteşem sabit yaşam akışı asla durmaz. Daha büyük hayvanlar daha küçük hayvanları yerler ve devam eder... ah... bu ne?" diyerek suya bakar. Tüm insanlar oraya bakar ve bir gemi gibi dalgalarda yalpalayan kıyı boyunca süzülen büyük bir kamyon görür. İki çocuk tören yerine bakarak üstünde oturuyordur.
"Merhaba Bay Kite," der Robert, "Neden kuşlarla katil balinaları besliyorsunuz?"
"Merhaba Robert," diye cevaplar Bay Kite,

vor einem Monat. Herr Kite muss dort eine Rede halten. Die Feier beginnt in fünfundzwanzig Minuten.
Herr Kite und seine Sekretärin nehmen ein Taxi und kommen nach zehn Minuten am Ort der Feier an. Die zwei Vögel sind bereits da. Jetzt sind sie nicht so weiß wie normalerweise. Aber sie können wieder schwimmen und fliegen. Es sind viele Menschen, Journalisten und Fotografen da. Zwei Minuten später beginnt die Feier. Herr Kite beginnt seine Rede.
„Liebe Freunde", sagt er. „Vor einem Monat passierte an dieser Stelle der Unfall mit dem Tanker Gran Pollución. Wir müssen jetzt viele Vögel und Tiere gesund pflegen. Das kostet viel Geld. Die Rehabilitation dieser zwei Vögel zum Beispiel kostet fünftausend Dollar. Und es freut mich, Ihnen mitteilen zu können, dass diese zwei wunderbaren Vögel nach einem Monat Rehabilitation freigesetzt werden."
Zwei Männer nehmen die Kiste mit den Vögeln, bringen sie zum Wasser und öffnen sie. Die Vögel kommen aus der Kiste, springen ins Wasser und schwimmen. Die Fotografen machen Fotos. Die Journalisten befragen Arbeiter des Rehabilitationszentrums über die Tiere.
Plötzlich taucht ein großer Schwertwal auf, schluckt schnell die zwei Vögel hinunter und verschwindet wieder. Alle Leute sehen auf die Stelle, an der die Vögel zuvor gewesen waren. Der Direktor der Universität traut seinen Augen nicht. Der Schwertwal taucht wieder auf und sucht nach mehr Vögeln. Da es keine Vögel mehr gibt, verschwindet er wieder. Herr Kite muss seine Rede beenden.
„Ähm..." Er sucht nach passenden Worten. „Der wundervolle, beständige Fluss des Lebens hört nie auf. Größere Tiere essen kleinere Tiere und so weiter... Ähm... Was ist das?", fragt er aufs Wasser schauend. Alle schauen aufs Wasser und sehen einen großen Laster, der die Küste entlang treibt und auf den Wellen schaukelt wie ein Schiff. Zwei Jungen sitzen auf ihm und schauen zum Platz der Feier.

„Hallo Herr Kite", sagt Robert. „Warum füttern Sie Schwertwale mit Vögeln?"
„Hallo Robert", antwortet Herr Kite. „Was macht

“Orada ne yapıyorsunuz oğlanlar?”
“Kamyonu yıkamak istedik,” diye cevaplar David.
“Anlıyorum,” der Bay Kite. İnsanların bazıları bu durumun keyfini çıkarmaya başlar. Gülmeye başlarlar.
“Pekala, şimdi kurtarma hizmetini arayacağım. Sizi sudan çıkaracaklar. Ve yarın sizi ofisimde görmek istiyorum,” der üniversitenin başı ve kurtarma hizmetini arar.

ihr da, Jungs?“
„Wir wollten den Laster waschen“, sagt David.

„Alles klar“, sagt Herr Kite. Einige Leute beginnen, an der Situation ihren Spaß zu haben. Sie fangen an, zu lachen.
„Gut, ich rufe jetzt den Rettungsdienst. Der wird euch aus dem Wasser holen. Und ich möchte euch morgen in meinem Büro sehen“, sagt der Direktor der Universität und ruft den Rettungsdienst.

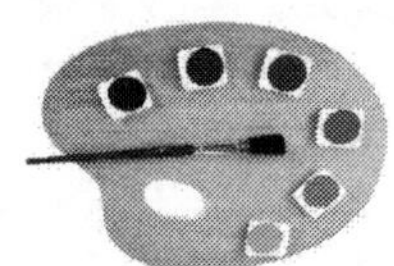

21

Bir ders

Eine Unterrichtsstunde

A

Kelimeler

Vokabeln

1. arasında - zwischen
2. biraz - leicht
3. boş - leer
4. bu şeyler - diese Dinge
5. çocuklar - die Kinder
6. daha az - weniger
7. diğer - anders, sonst
8. dikkat - die Aufmerksamkeit
9. dikkat etmek - achten auf
10. dökmek - schütten, gießen
11. ebeveyn - die Eltern
12. -en/-an - der, die, das *(konj.)*
13. erkek arkadaş - der Freund
14. gerçekten - wirklich
15. hala - noch, weiterhin
16. harcamak - ausgeben, verwenden
17. her zaman - immer
18. ilgilenmek - sich kümmern um

19. kalmak - bleiben
20. kavanoz - der Krug
21. kaybetmek - verlieren
22. kız arkadaş - die Freundin
23. kum - der Sand
24. küçük - klein
25. -meden/-madan - ohne
26. mutluluk - das Glück
27. önemli - wichtig
28. sağlık - die Gesundheit
29. sınıf - die Klasse
30. şey - das Ding, die Sache
31. taş - der Stein
32. tek kelime etmeden - wortlos
33. televizyon - der Fernseher
34. tıbbi - medizinisch
35. yerine - stattdessen

B

Üniversitenin başı sınıfın önünde duruyor. Orada masada onun önünde birkaç kutu ve diğer şeyler var. Ders başladığında büyük boş bir kavanoz alır ve tek kelime etmeden büyük taşlarla doldurur.
"Kavanozun şimdiden dolduğunu mu düşünüyorsunuz?" diye öğrencilerine sorar Bay Kite.
"Evet, öyle," diye kabul eder öğrenciler.
Sonra çok küçük taşlarla dolu bir kutu alır ve onları kavanoza döker. Kavanozu biraz sallar. Küçük taşlar, tabii ki, büyük taşlar arasındaki boşlukları doldurur.
"Şimdi ne düşünüyorsunuz? Kavanoz doldu bile, değil mi?" diye Bay Kite onlara yine sorar.
"Evet, öyle. Şimdi doldu," diye öğrenciler yine kabul eder. Bu dersten keyif almaya başlarlar. Onlar gülmeye başlar.
Sonra Bay Kite bir kutu kum alır ve kavanoza döker. Tabii ki, kum tüm diğer boşlukları doldurur.
"Şimdi bu kavanoz bir adamın hayatıymış gibi düşünmesnizi istiyorum. Büyük taşlar önemli şeyler - aileniz, kız arkadaşınız ve erkek arkadaşınız, sağlığınız, çocuklarınız, ebeveynleriniz - eğer her şeyi kaybederseniz, bir tek onlar kalır ve hayatınız yine dolu olacaktır. Küçük taşlar daha az önemli olan diğer şeyler. Onlar eviniz, işiniz, arabanız gibi şeyler. Kum diğer her şeydir - küçük şeyler. Eğer kavanoza ilk kum koyarsanız, küçük veya büyük taşlar için yer kalmayacaktır. Aynısı hayat için de

Der Direktor der Universität steht vor der Klasse. Auf dem Tisch vor ihm liegen Kisten und andere Dinge. Als der Unterricht beginnt, nimmt er einen großen, leeren Krug und füllt ihn wortlos mit großen Steinen.
„Meint ihr, dass der Krug schon voll ist?", fragt Herr Kite die Studenten.

„Ja, das ist er", stimmen die Studenten zu.
Da nimmt er eine Kiste mit sehr kleinen Steinen und schüttet sie in den Krug. Er schüttelt den Krug leicht. Die kleinen Steine füllen natürlich den Platz zwischen den großen Steinen.
„Was meint ihr jetzt? Der Krug ist voll, oder nicht?", fragt Herr Kite wieder.
„Ja, das ist er. Er ist jetzt voll", stimmen die Studenten wieder zu. Der Unterricht beginnt, ihnen Spaß zu machen. Sie lachen.
Da nimmt Herr Kite eine Kiste mit Sand und schüttet ihn in den Krug. Der Sand füllt natürlich den restlichen Platz.

„Jetzt möchte ich, dass ihr in diesem Krug das Leben seht. Die großen Steine sind wichtige Dinge - eure Familie, eure Freundin oder euer Freund, Gesundheit, Kinder, Eltern - Dinge, die euer Leben, wenn ihr alles verliert und nur sie bleiben, weiterhin füllen. Kleine Steine sind andere Dinge, die weniger wichtig sind. Dinge wie euer Haus, Job, Auto. Der Sand ist alles andere - die kleinen Dinge. Wenn ihr zuerst Sand in den Krug füllt, bleibt kein Platz für kleine oder große Steine. Das Gleiche gilt fürs Leben. Wenn ihr eure ganze

geçerlidir. Eğer tüm zamanınızı ve enerjinizi küçük şeylerde harcarsanız, asla sizin için önemli olan şeyler için yeriniz olmaz. Mutluluğunuza en önemli olan şeylere dikkat edin. Çocuklarınızla veya ebeveynlerinizle oynayın. Tıbbi kontroller için vakit ayırın. Kız arkadaşınızı veya erkek arkadaşınızı bir kafeye götürün. İşe gitmek, evi temizlemek ve televizyon izlemek için her zaman vaktiniz olacaktır," der Bay Kite, "Önce büyük taşlarla ilgilenin - gerçekten önemli olan şeylerle. Diğer her şey sadece kumdur," öğrencilere bakar, "Şimdi Robert ve David, sizin için ne daha önemlidir - bir kamyon yıkamak mı yoksa hayatlarınız mı? Sadece kamyonu yıkamak istediğiniz için denizdeki bir kamyonun üzerinde bir gemideymiş gibi süzülüyorsunuz. Sizce onu yıkamanın başka yol yok mu?"

"Hayır, sanırız ki yok," der David.

"Bir kamyonu onun yerine bir yıkama istasyonunda yıkayabilirsin, değil mi?" der Bay Kite.

"Evet, yapabiliriz," der öğrenciler.

"Bir şeyi yapmadan önce her zaman düşünmelisiniz. Her zaman büyük taşlarla ilgilenmelisiniz, değil mi?"

"Evet, ilgilenmeliyiz," diye cevaplar öğrenciler.

Zeit und Energie für die kleinen Dinge verwendet, werdet ihr nie Platz für die Dinge haben, die euch wichtig sind. Achtet auf Dinge, die für euer Glück am wichtigsten sind. Spielt mit euren Kindern oder Eltern. Nehmt euch die Zeit für medizinische Untersuchungen. Geht mit eurer Freundin oder eurem Freund ins Café. Es wird immer Zeit bleiben, um zu arbeiten, das Haus zu putzen oder fernzusehen", sagt Herr Kite. „Kümmert euch erst um die großen Steine - um die Dinge, die wirklich wichtig sind. Alles andere ist nur Sand." Er sieht die Studenten an. „Nun, Robert und David, was ist euch wichtiger - einen Laster zu waschen oder euer Leben? Ihr treibt auf einem Laster im Meer wie auf einem Schiff, nur weil ihr den Laster waschen wolltet. Glaubt ihr, dass es keine andere Möglichkeit gibt, ihn zu waschen?"

„Nein, das glauben wir nicht", sagt David.

„Man kann einen Laster stattdessen in einer Waschanlage waschen, nicht wahr?", sagt Herr Kite.

„Ja, das kann man", sagen die Studenten.

„Ihr müsst immer erst nachdenken, bevor ihr handelt. Ihr müsst euch immer um die großen Steine kümmern, okay?"

„Ja, das müssen wir", antworten die Studenten.

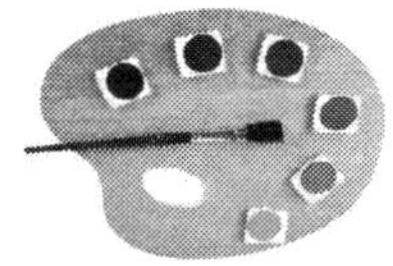

22

Paul bir yayınevinde çalışır

Paul arbeitet in einem Verlag

Kelimeler

Vokabeln

1. almak - bekommen
2. aramak - anrufen
3. beceri - die Fähigkeit
4. beri, için - da, weil
5. bip - der Piepton
6. burun - die Nase
7. dergi - die Zeitschrift
8. dışarıda - draußen
9. dünya - die Welt
10. en azından - wenigstens
11. farklı - verschieden
12. firma - die Firma
13. gazete - die Zeitung
14. gelecek - zukünftig
15. gelişmek - entwickeln
16. hazır - fertig
17. hiç kimse - niemand
18. hiçbir şey - nichts
19. hikaye - die Geschichte
20. insan - der Mensch

21. kara - dunkel
22. kaydetmek - aufnehmen
23. komik - lustig
24. kompozisyon - der Entwurf, der Text
25. konuşmak - sich unterhalten
26. koordinasyon - die Koordination
27. kural - die Regel
28. merdiven - die Treppe
29. meslek - der Beruf
30. metin - der Text
31. mümkün - möglich
32. mümkün olduğunca sık - so oft wie möglich
33. müşteri - der Kunde
34. otuz - dreißig
35. oynama - spielen
36. özellikle - vor allem
37. reddetmek - ablehnen
38. satmak - verkaufen
39. selam - hallo
40. soğuk - kalt
41. soğukluk - die Kälte
42. telesekreter - der Anrufbeantworter
43. uyumak - schlafen
44. üretmek - herstellen
45. üzücü - traurig
46. vb. - usw.
47. yağmur - der Regen
48. yaratıcı - kreativ
49. yazmak - entwerfen, verfassen
50. yürüme - laufen
51. zor - schwer

B

Paul Çok-yönlü yayınevinde genç bir yardımcı olarak çalışır. O, yazım işi yapar.
"Paul, firmamızın adı Çok-yönlü," der firmanın başı Bay Fox, "Ve bu, herhangi bir müşteri için herhangi bir metin kompozisyonu ve tasarım işi yapabiliriz anlamına gelmektedir. Gazetelerden, dergilerden ve diğer müşterilerden birçok sipariş alıyoruz. Tüm siparişler farklıdır ancak hiçbirini reddetmeyiz."
Paul bu işi çok sever çünkü yaratıcı beceriler geliştirebilir. O, kompozisyon yazımı ve tasarım gibi yaratıcı işlerden zevk alır. O, üniversitede tasarım okuduğu için bu onun gelecek mesleği için çok uygun bir iş. Bay Fox bugün onun için birkaç yeni göreve sahip.
"Birkaç siparişimiz var. Onların ikisini yapabilirsin," der Bay Fox, "İlk sipariş bir telefon firmasından. Onlar telesekretere sahip olan telefonlar üretiyorlar. Telesekreterlre için bazı komik metinlere ihtiyaçları var. Komik şeylerden daha çok satan bir şey yoktur. Dört veya beş metin yaz, lütfen."
"Ne kadar uzun olmalılar?" diye sorar Paul.
"Beş ve otuz kelime arası olabilir," diye cevaplar Bay Fox, "Ve ikinci sipariş "Yeşil dünya" adlı

Paul arbeitet als junger Helfer im Verlag All-Round. Er erledigt Schreibarbeiten.
„Paul, unsere Firma heißt All-Round", sagt der Firmenchef Herr Fox. „Und das heißt, dass wir für jeden Kunden jede Art von Text und Design entwickeln können. Wir bekommen viele Aufträge von Zeitungen, Zeitschriften und anderen Kunden. Alle Aufträge sind verschieden, aber wir lehnen nie einen ab."
Paul mag diesen Job sehr, da er kreative Fähigkeiten entwickeln kann. Kreative Arbeit wie Schreiben und Design gefällt ihm. Da er Design an der Universität studiert, ist es ein passender Job für seinen zukünftigen Beruf. Heute hat Herr Fox neue Aufgaben für ihn.
„Wir haben einige Aufträge. Du kannst zwei davon erledigen", sagt Herr Fox. „Der erste Auftrag ist von einer Telefonfirma. Sie stellen Telefone mit Anrufbeantwortern her. Sie brauchen ein paar lustige Texte für die Anrufbeantworter. Nichts verkauft sich besser als etwas Lustiges. Entwirf bitte vier, fünf Texte."
„Wie lang sollen sie sein?", fragt Paul.
„Sie können fünf bis dreißig Wörter haben", antwortet Herr Fox. „Der zweite Auftrag ist

bir dergiden. Bu dergi hayvanlar, kuşlar, balıklar vb. hakkında yazıyor. Onların herhangi bir ev hayvanı hakkında bir metne ihtiyaçları var. Komik veya üzücü olabilir, veya sadece kendi hayvanın hakkında bir hikaye olabilir. Bir hayvanın var mı?"
"Evet, var. Bir kedim var. Adı Favorite," diye cevaplar Paul, "Ve bence onun numaraları hakkında bir hikaye yazabilirim. Ne zaman hazır olmalı?"
"Bu iki sipariş yarına kadar hazır olmalı," diye cevaplar Bay Fox.
"Tamam. Şimdi başlayabilir miyim?" diye sorar Paul.
"Evet, Paul," der Bay Fox.
Paul bu metinleri ertesi gün getirir. Telesekreterler için beş metne sahiptir. Bay Fox onları okur:
1."Selam. Şimdi siz bir şey söyleyin."
2."Merhaba. Ben bir telesekreterim. Ve siz nesiniz?"
3."Selam. Evde telesekreterim hariç hiç kimse yok. Bu yüzden benim yerime onunla konuşabilirsiniz. Bip sesini bekleyin."
4."Bu bir telesekreter değildir. Bu bir fikir kaydetme makinesidir. Bipten sonra, isminizi, arama sebebinizi ve sizi geri arayabileceğim bir numarayı düşünün. Ve sizi geri aramayı düşüneceğim."
5."Bipten sonra konuşun! Sessiz kalma hakkına sahipsiniz. Dediğiniz her şeyi kaydedeceğim ve kullanacağım."
"Kötü değil. Peki ya hayvanlar hakkındaki?" diye sorar Bay Fox. Paul ona başka bir yaprak kağıt verir. Bay Fox okur:

Kediler için bazı kurallar

Yürüme:
Mümkün olduğu kadar sıklıkla, bir insanın önüne çabucak ve olabildiğince yakın koşun, özellikle:
Merdivenlerde, ellerinde bir şey varken, karanlıkta, ve sabah uyandıklarında. Bu onların koordinasyonunu eğitecektir.
Yatakta:

von der Zeitung ‚Grüne Welt'. Diese Zeitung schreibt über Tiere, Vögel, Fische usw. Sie brauchen einen Text über irgendein Haustier. Er kann lustig oder traurig sein oder einfach eine Geschichte über dein eigenes Haustier. Hast du ein Haustier?"
„Ja, ich habe eine Katze. Sie heißt Favorite", antwortet Paul. „Und ich denke, ich kann eine Geschichte über ihre Streiche schreiben. Wann sollen die Texte fertig sein?"

„Diese zwei Aufträge sollen bis morgen fertig sein", antwortet Herr Fox.
„Gut. Kann ich anfangen?", fragt Paul.

„Ja", sagt Herr Fox.
Paul bringt die Texte am nächsten Tag. Er hat fünf Texte für den Anrufbeantworter. Herr Fox liest sie:
1.„Hallo. Jetzt musst du etwas sagen".
2.„Hallo, ich bin ein Anrufbeantworter. Und was bist du?"
3.„Hallo. Außer meinem Anrufbeantworter ist gerade niemand zu Hause. Du kannst dich mit ihm unterhalten. Warte auf den Piepton".
4.„Das ist kein Anrufbeantworter. Das ist ein Gedankenaufnahmegerät. Nach dem Piepton denke an deinen Namen, den Grund, aus dem du anrufst, und die Nummer, unter der ich dich zurückrufen kann. Und ich werde darüber nachdenken, ob ich dich zurückrufe."
5.„Sprechen Sie nach dem Piepton! Sie haben das Recht, Ihre Aussage zu verweigern. Ich werde alles, was Sie sagen, aufzeichnen und verwenden."
„Nicht schlecht. Und was ist mit den Tieren?", fragt Herr Fox. Paul gibt ihm ein anderes Blatt. Herr Fox liest:

Regeln für Katzen

Laufen:
Renne so oft wie möglich schnell und nahe an einem Menschen vorbei, vor allem: auf Treppen, wenn sie etwas tragen, im Dunkeln und wenn sie morgens aufstehen. Das trainiert ihre Koordination.
Im Bett:
Schlafe nachts immer auf dem Menschen, damit er sich nicht umdrehen kann. Versuche,

Geceleyin her zaman bir insanın üstünde uyuyun. Böylece o yatakta dönemez. Onun yüzünde yatmaya çalışın. Kuyruğunuzun burunlarında olduğundan emin olun.
Uyku:
Oynamak için çok fazla enerjiye sahip olmak amacıyla, bir kedi çok fazla uyumalı (günlük en az 16 saat). Uyumak için uygun bir yer bulmak zor değil. Bir insanın oturmayı sevdiği herhangi bir yer iyidir. Dışarıda da iyi yerler vardır. Ancak yağmur yağdığında veya soğuk olduğunda onları kullanamazsınız. Onun yerine açık pencereleri kullanabilirsiniz.
Bay Fox güler.
"İyi iş, Paul! Bence "Yeşil dünya" dergisi kompozisyonunu beğenecektir," der.

auf seinem Gesicht zu liegen. Vergewissere dich, dass dein Schwanz genau auf seiner Nase liegt.
Schlafen:
Um genug Energie zum Spielen zu haben, muss eine Katze viel schlafen (mindestens sechzehn Stunden am Tag). Es ist nicht schwer, einen passenden Schlafplatz zu finden. Jeder Platz, an dem ein Mensch gerne sitzt, ist gut. Draußen gibt es auch viele gute Plätze. Du kannst sie aber nicht verwenden, wenn es regnet oder kalt ist. Du kannst stattdessen das offene Fenster verwenden.
Herr Fox lacht.
„Gute Arbeit, Paul! Ich denke, die Zeitung ‚Grüne Welt' wird deinen Entwurf mögen", sagt er.

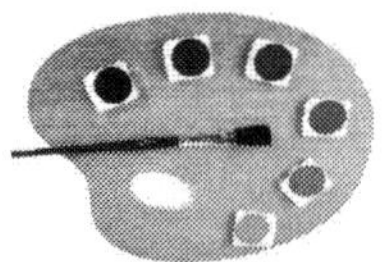

23

Kedi kuralları

Katzenregeln

Kelimeler

Vokabeln

1. adım - der Schritt; basmak - treten
2. almak - bekommen
3. arkasında - hinter
4. az - wenig
5. bacak - das Bein
6. bazen - manchmal, ab und zu
7. birkaç - ein paar
8. çalmak - stehlen
9. çocuk - das Kind
10. düşünme - Denken

11. eğlence - der Spaß
12. gezegen - der Planet
13. gizem - das Rätsel
14. gizli - das Geheimnis
15. hava - das Wetter
16. herhangi bir şey - etwas, nichts
17. ısırmak - beißen
18. kaçmak - weglaufen
19. klavye - die Tastatur
20. lezzetli - lecker
21. mevsim - die (Jahres)zeit
22. misafir - der Gast
23. numarası yapmak - vorgeben; so tun, als ob
24. okul - die Schule
25. okuma, okuyan - lesend
26. ödev - die Hausaufgaben
27. öpmek - küssen
28. panik - die Panik; panik yapmak - in Panik versetzen
29. rağmen - obwohl, trotzdem
30. saklambaç - das Versteckspiel
31. saklanmak - sich verstecken
32. sevgi - die Liebe
33. sevmek - lieben
34. sivrisinek - die Stechmücke
35. sürtünmek - reiben
36. şans - die Chance
37. tabak - der Teller
38. tuvalet - die Toilette
39. unutmak - vergessen
40. yemek pişirme - kochend

B

"Bay Fox Paul'a ertesi gün "Yeşil dünya" dergisi yeni bir sipariş veriyor," der, "Ve bu sipariş senin için, Paul. Onlar kompozisyonunu beğeniyorlar ve "Kedi kuralları" hakkında daha büyük bir metin istiyorlar.
Paul'un bu metni yazması iki gün sürer.
İşte burada.

Kediler için bazı gizli kurallar

Kediler bu gezegenin en iyi ve en muhteşem hayvanı olmalarına rağmen, bazen çok tuhaf şeyler yaparlar. İnsanlardan biri bazı kedi kurallarını çalmayı başardı. Dünyayı ele geçirmek için bazı hayat kuralları vardır! Ancak bu kuralların kedilere nasıl yardım edeceği insanlara tamamen bir gizemdir.
Banyolar:
Her zaman banyoya ve tuvalete misafirlerle gidin. Herhangi bir şey yapmanıza gerek yok. Sadece oturun, bakının ve bazen bacaklarına sürtünün.
Kapılar:
Tüm kapılar açık olmalı. Bir kapıyı açmak için, insanlara üzgün bakarak durun. Bir kapıyı açtıklarında, içinden geçmenize gerek yok. Dış kapıyı bu yöntemle açtığınızda, kapıda durun

„Die Zeitschrift ‚Grüne Welt' hat uns einen neuen Auftrag erteilt", sagt Herr Fox am nächsten Tag zu Paul. „Und dieser Auftrag ist für dich. Ihnen hat dein Entwurf gefallen und sie wollen einen längeren Text über ‚Katzenregeln'."
Paul braucht zwei Tage für diesen Text. Hier ist er.

Geheime Regeln für Katzen

Obwohl Katzen die besten und wundervollsten Tiere auf diesem Planeten sind, tun sie manchmal sehr seltsame Dinge. Einem Menschen ist es gelungen, ein paar Katzengeheimnisse zu stehlen. Es sind Lebensregeln, um die Weltherrschaft zu übernehmen! Es bleibt jedoch ein Rätsel, wie diese Regeln den Katzen helfen sollen.
Badezimmer:
Gehe immer mit Gästen ins Badezimmer und auf die Toilette. Du musst nichts tun. Sitze einfach nur da, sieh sie an und reibe dich ab und zu an ihren Beinen.
Türen:
Alle Türen müssen offen sein. Um eine Tür zu öffnen, stelle dich mit einem traurigen Blick vor den Menschen. Wenn er eine Tür öffnet, musst du nicht durchgehen. Wenn du auf diese Weise

ve bir şey hakkında düşünün. Bu, hava çok soğuk olduğunda, veya yağmur yağdığında, veya sivrisinek mevsiminde özellikle önemlidir.
Yemek pişirme:
Yemek pişiren insanların her zaman sağ ayağının arkasında oturun. Böylece sizi göremezler ve bir insanın sizin üstünüze basması daha muhtemeldir. Bu olduğunda, sizi ellerine alırlar ve size yemeniz için lezzetli bir şey verirler.
Kitap okuma:
Okuyan bir insanın yüzüne daha da yakınlaşmaya çalışın, göz ve kitap arasına. En iyisi kitabın üstüne yatmaktır.
Çocukların okul ödevi:
Kitaplara ve yazı defterlerine yatın ve uyuma numarası yapın. Ancak zaman zaman kaleme atlayın. Eğer bir çocuk sizi masadan uzaklaştırmaya çalışırsa ısırın.
Bilgisayar:
Eğer bir insan bir bilgisayarda çalışıyorsa, masaya zıplayın ve klavyenin üzerinden yürüyün.
Yemek:
Kedilerin çok fazla yemesi gerekir. Ama yemek yemek eğlencenin yalnızca yarısıdır. Diğer yarısı yemeği almaktır. İnsanlar yediklerinde, bakmadıkları zaman kuyruğunuzu tabağa koyun.
Bir yemek dolusu tabak alma şansınızı artıracaktır. Eğer masadan biraz yemek alabilirseniz asla kendi tabağınızdan yemeyin. Eğer bir insanın bardağından içebilirseniz asla kendi su kabınızdan içmeyin.
Saklanmak:
İnsanların sizi birkaç gün boyunca bulamayacağı yerlerde saklanın. Bu, insanların kaçtığınızı düşünerek panik (ki bunu severler) yapmalarını sağlayacaktır. Saklanma yerinizden çıktığınızda, insanlar sizi öpecek ve sevgilerini gösterecektir. Ve lezzetli bir şey alabilirsiniz.
İnsanlar:

die Haustür geöffnet hast, bleibe in der Tür stehen und denke nach. Das ist vor allem wichtig, wenn es sehr kalt ist oder regnet oder in der Stechmückenzeit.
Kochen:
Setze dich immer genau hinter den rechten Fuß von kochenden Menschen. So können sie dich nicht sehen und die Chance ist größer, dass sie auf dich treten. Wenn das passiert, nehmen sie dich auf den Arm und geben dir etwas Leckeres zu essen.

Lesen:
Versuche, nahe an das Gesicht der lesenden Person zu kommen, zwischen Augen und Buch. Am besten ist es, sich auf das Buch zu legen.
Hausaufgaben der Kinder:
Lege dich auf Bücher und Hefte und tue so, als ob du schläfst. Springe von Zeit zu Zeit auf den Stift. Beiße, falls ein Kind versucht, dich vom Tisch zu verscheuchen.

Computer:
Wenn ein Mensch am Computer arbeitet, springe auf den Tisch und laufe über die Tastatur.
Essen:
Katzen müssen viel essen. Aber Essen ist nur der halbe Spaß. Die andere Hälfte ist, das Essen zu bekommen. Wenn Menschen essen, lege deinen Schwanz auf ihren Teller, wenn sie nicht hinsehen. Damit vergrößerst du deine Chancen, einen ganzen Teller Essen zu bekommen. Iss nie von deinem eigenen Teller, wenn du Essen vom Tisch nehmen kannst. Trink nie aus deiner eigenen Schüssel, wenn du aus der Tasse eines Menschen trinken kannst.
Verstecken:
Verstecke dich an Orten, an denen dich Menschen ein paar Tage lang nicht finden können. Das wird die Menschen in Panik versetzen (was sie lieben), weil sie glauben, dass du weggelaufen bist. Wenn du aus deinem Versteck hervorkommst, werden sie dich küssen und dir ihre Liebe zeigen. Und du bekommst vielleicht etwas Leckeres.
Menschen:
Die Aufgabe des Menschen ist, uns zu füttern,

İnsanların görevi bizi beslemek, bizle oynamak, ve kutumuzu temizlemektir. Evin başının kim olduğunu unutmamaları önemlidir.

mit uns zu spielen und unsere Kiste sauber zu machen. Es ist wichtig, dass sie nicht vergessen, wer der Chef im Haus ist.

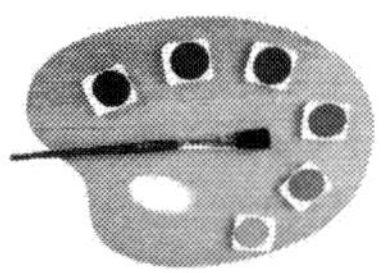

24

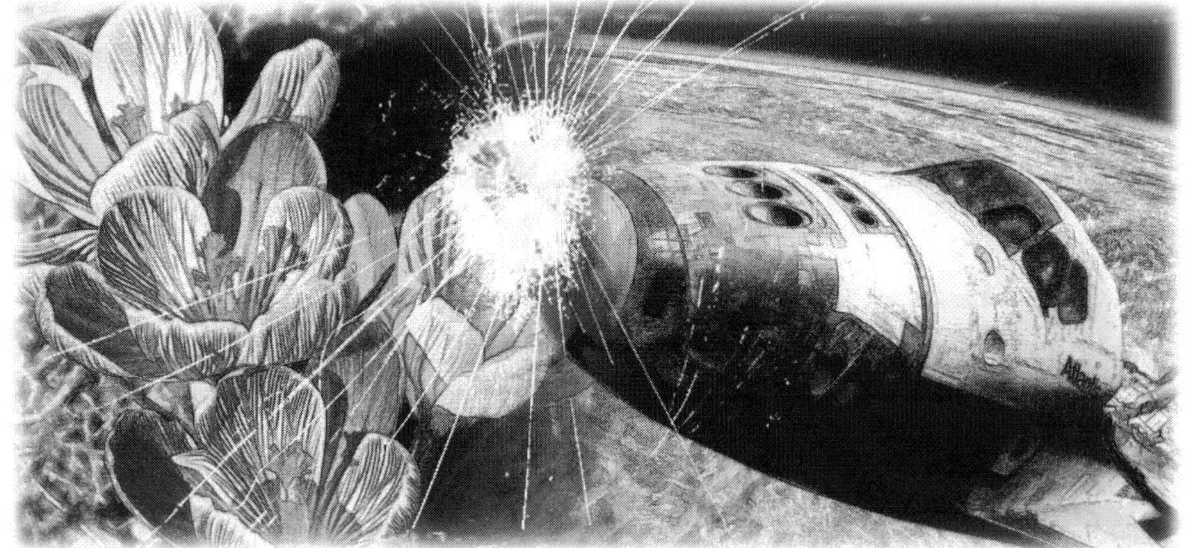

Takım çalışması

Gruppenarbeit

A

Kelimeler

Vokabeln

1. açtı - machte an
2. bahçe - der Garten
3. baktı - sah, schaute, geschaut
4. başladı - begann, begonnen
5. bildirdi - informierte, mitgeteilt
6. biliyordu - wusste
7. bin - tausend
8. bitirdi - fertig
9. çalışan - arbeitend
10. çiçek - die Blume
11. dans etme - tanzend
12. dans etmek - tanzen
13. dedi - sagte
14. devam etmek - fortführen
15. dizi - die Serie
16. doğrulttu - richtete
17. durdu - beendete
18. duydu - hörte, gehört
19. dünya - die Erde
20. düşmek - fallen
21. düştü - fiel
22. geldi - kam, gekommen
23. gitti - verlassen
24. gülümsedi - lächelte, gelächelt

25. güzel - wunderschön
26. hatırladı - erinnerte sich
27. ikinizden biri - einer von euch
28. izlemeye devam etti - weiter schauen
29. kadar - bis
30. kaptan - der Kapitän
31. karşı - gegen
32. kısa - kurz
33. kısa süre içinde - bald
34. lazer - der Laser
35. merkezi - Haupt-, zentral
36. meslektaş - der Kollege
37. milyar - Billionen
38. öğretmek - beibringen
39. öldü - starb
40. öldürdü - tötete, getötet *(part.)*
41. ölmek - sterben
42. radar - der Radar
43. radyo - das Radio
44. sarsılmak - wackelte
45. savaş - der Krieg
46. sevdi - liebte, geliebt
47. taşındı, hareket etti - bewegte sich
48. televizyon takımı - der Fernseher
49. uçtu - flog weg
50. uzay - das Weltall
51. uzay gemisi - das Raumschiff
52. uzaylı - der Außerirdische
53. vardı - hatte, gehabt
54. yer almak - teilnehmen
55. yok etmek - zerstören

B

David bir gazeteci olmak istiyor. O bir üniversitede okuyor. Onun bugün bir kompozisyon dersi var. Bay Kite öğrencilere kompozisyon yazmayı öğretir.
"Sevgili arkadaşlar," der, "bazılarınız yayınevlerinde, gazetelerde veya dergilerde, radyoda veya televizyonda çalışacak. Bunun anlamı, bir takım halinde çalışacaksınız. Bir takım olarak çalışmak basit değildir. Şimdi bir takımda gazetecilere özgü bir kompozisyon yazmayı denemenizi istiyorum. Bir oğlan ve kız gerekli."
Birçok öğrenci takım çalışmasında yer almak ister. Bay Kite David'i ve Carol'ı seçer. Carol İspanyalı ancak çok iyi İngilizce konuşur.
"Lütfen, bu masaya oturun. Siz şimdi meslektaşlarsınız," der onlara Bay Kite, "Kısa bir kompozisyon yazacaksınız. İkinizden biri kompozisyona başlayacak ve sonra meslektaşına verecek. Meslektaşınız kompozisyonu okuyacak ve devam ettirecektir. Sonra meslektaşınız geri verecektir ve ilk kişi okuyacaktır ve devam ettirecektir. Ve böyle süreniz dolana kadar

David will Journalist werden. Er studiert an der Universität. Heute hat er einen Schreibkurs. Herr Kite bringt den Studenten bei, Artikel zu schreiben.
„Liebe Freunde", sagt er, „ein paar von euch werden für Verlage, Zeitungen oder Zeitschriften, das Radio oder das Fernsehen arbeiten. Das bedeutet, dass ihr in einer Gruppe arbeiten werdet. Es ist nicht einfach, in einer Gruppe zu arbeiten. Ich möchte, dass ihr jetzt versucht, in einer Gruppe einen journalistischen Text zu schreiben. Ich brauche einen Jungen und ein Mädchen."
Viele Studenten wollen bei der Gruppenarbeit mitmachen. Herr Kite wählt David und Carol. Carol kommt aus Spanien, aber sie spricht sehr gut Englisch.

„Setzt auch bitte an diesen Tisch. Ihr seid jetzt Kollegen", sagt Herr Kite zu ihnen. „Ihr werdet einen kurzen Text schreiben. Einer von euch beginnt den Text und gibt ihn dann seinem Kollegen. Der Kollege liest den Text und führt ihn fort. Dann gibt euer Kollege ihn zurück, der Erste liest ihn und führt ihn fort. Und so weiter, bis die Zeit vorbei ist. Ihr habt zwanzig Minuten".

devam edecektir. Size yirmi dakika veriyorum."
Bay Kite onlara kağıt verir ve Carol başlar. Biraz düşünür ve sonra yazar.

Takım kompozisyonu

Carol: Julia pencereden bakıyordu. Bahçesindeki çiçekler dans eder gibi rüzgarda hareket ediyordu. O, Billy ile dans ettiği akşamı hatırladı. Bir yıl önceydi ancak o her şeyi hatırladı - onun mavi gözlerini, onun gülüşünü ve sesini. Onun için mutlu zamanlardı ama şimdi bitmişti. Neden o onunla değildi?
David: Bu sırada uzay kaptanı Billy Bris, Beyaz Yıldız uzay gemisindeydi. Onun önemli bir görevi vardı ve bir yıl önce dans ettiği o aptal kızı düşünecek vakti yoktu. O Beyaz Yıldız'ın lazerlerini çabucak uzaylı uzay gemilerine doğrulttu. Sonra radyoyu açtı ve uzaylılara konuştu: "Size vazgeçmeniz için bir saat veriyorum. Eğer bir saat içinde vazgeçmezseniz sizi yok edeceğim." Ancak o bitirmeden önce bir uzaylı lazeri Beyaz Yıldız'ın sol motoruna isabet etti. Billy'nin lazeri uzaylı uzay gemilerine isabet etmeye başladı ve aynı zamanda merkezi ve sağ motorları açtı. Uzaylı lazeri çalışan sağ motoru yok etti ve Beyaz Yıldız kötü bir şekilde sarsıldı. Billy yere düştü ve düşerken hangi uzaylı uzay gemilerini yok etmesi gerektiğini düşündü.
Carol: Ama kafasını metal zemine çarptı ve aynı anda öldü. Ama ölmeden önce onu seven zavallı güzel kızı hatırladı ve ondan uzaklaştığı için çok üzgündü. Kısa süre içinde insanlar zavallı uzaylılarla yaptıkları bu aptal savaşı sonlandırdılar. Kendi tüm uzay gemilerini ve lazerlerini yok ettiler ve uzaylılara insanların bir daha asla onlara savaş açmayacağını bildirdiler. İnsanlar uzaylılarla arkadaş olmak istediklerini söylediler. Julia bunu duyduğunda çok memnundu. Sonra televizyon takımını açtı ve muhteşem bir Alman dizisi izlemeye devam

Herr Kite gibt ihnen Papier, und Carol fängt an. Sie denkt kurz nach und schreibt dann.

Gruppenarbeit

Carol: Julia sah aus dem Fenster. Die Blumen in ihrem Garten bewegten sich im Wind, als ob sie tanzten. Sie erinnerte sich an den Abend, an dem sie mit Billy getanzt hatte. Das war vor einem Jahr gewesen, aber sie erinnerte sich an alles - seine blauen Augen, sein Lächeln, seine Stimme. Es war eine glückliche Zeit für sie gewesen, aber sie war nun vorbei. Warum war er nicht bei ihr?
David: Zu dieser Zeit war Raumschiffkapitän Billy Brisk in seinem Raumschiff White Star. Er hatte eine wichtige Mission und keine Zeit, über dieses dumme Mädchen, mit dem er vor einem Jahr getanzt hatte, nachzudenken. Schnell richtete er den Laser der White Star auf die Raumschiffe Außerirdischer. Dann stellte er das Funkgerät an und sprach zu den Außerirdischen: „Ihr habt eine Stunde, um aufzugeben. Wenn ihr in einer Stunde nicht aufgebt, werde ich euch zerstören." Kurz bevor er seine Rede beendet hatte, traf jedoch ein Laser der Außerirdischen den linken Motor der White Star. Billys Laser begann, auf die Raumschiffe der Außerirdischen zu schießen, und gleichzeitig schaltete Billy den Hauptmotor und den rechten Motor an. Der Laser der Außerirdischen zerstörte den funktionierenden rechten Motor, und die White Star wackelte stark. Billy fiel auf den Boden und überlegte währenddessen, welches der Raumschiffe der Außerirdischen er zuerst zerstören musste.
Carol: Aber er schlug mit seinem Kopf auf dem metallenen Boden auf und war sofort tot. Bevor er starb, dachte er noch an das arme schöne Mädchen, das ihn liebte, und es tat ihm sehr leid, dass er es verlassen hatte. Kurz darauf beendeten die Menschen den dummen Krieg gegen die armen Außerirdischen. Sie zerstörten all ihre eigenen Raumschiffe und Laser und teilten den Außerirdischen mit, dass die Menschen nie wieder einen Krieg gegen sie beginnen würden. Die Menschen sagten, sie wollten Freunde der Außerirdischen sein. Julia war sehr froh, als sie davon hörte. Dann machte sie den Fernseher an und schaute eine tolle deutsche Serie weiter.

etti.

David: İnsanlar kendi radarlarını ve lazerlerini yok ettikleri için, kimse uzaylıların uzay gemilerinin dünyaya bu kadar yaklaştıklarını bilmiyordu. Binlerce uzaylı lazeri dünyaya isabet etti ve zavallı aptal Julia ile beş milyar insanı bir saniyede öldürdü. Dünya yok edilmişti ve dönen parçaları uzaya uçtu.

"Zamanınız bitmeden sona geldiğinizi görüyorum," diye gülümsedi Bay Kite, "Pekala, ders bitmiştir. Bir sonraki dersimizde bu takım kompozisyonunu okuyalım ve hakkında konuşalım."

David: Da die Menschen ihre eigenen Radare und Laser zerstört hatten, wusste niemand, dass Raumschiffe der Außerirdischen der Erde sehr nahe kamen. Tausende Laser der Außerirdischen trafen die Erde und töten die arme, dumme Julia und fünf Billionen Menschen in einer Sekunde. Die Erde war zerstört, und ihre Teile flogen in den Weltraum hinaus.

„Wie ich sehe, habt ihr euren Text fertig, bevor die Zeit um ist", sagte Herr Kite lächelnd. „Gut, der Unterricht ist vorbei. Lasst uns das nächste Mal diese Gruppenarbeit lesen und darüber sprechen."

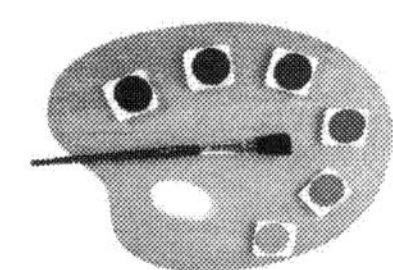

25

Robert ve David yeni bir iş arıyorlar

Robert und David suchen einen neuen Job

Kelimeler

Vokabeln

1. anket - der Fragebogen
2. buldu - gefunden
3. çiftçi - der Bauer
4. danışmanlık - die Beratung
5. değerlendirmek - beurteilen
6. doğa - die Natur
7. doktor - der Arzt
8. evcil hayvan - das Haustier
9. fikir - die Idee
10. hayal etmek, rüya görmek - träumen
11. hayal, rüya - der Traum
12. hediye - die Begabung
13. hizmet etmek - bedienen
14. ilan - die Anzeige
15. İspanyolca, İspanyol - spanisch
16. kedi yavrusu - das Kätzchen
17. -ken - während
18. kırmızı başlık - die Rubrik
19. kirli - dreckig
20. kişisel - persönlich

21. komşu - der Nachbar
22. köpek yavrusu - der Welpe
23. lider - der Führer
24. monoton - monoton
25. mühendis - der Ingenieur
26. öneri - die Empfehlung
27. önermek - empfehlen
28. programcı - der Programmierer
29. reklam - das Inserat
30. sanat - die Kunst
31. sanatçı - der Künstler
32. sesle - laut
33. seyahat - reisen
34. sıçan - die Ratte
35. sinsi - schlau
36. spanyel - der Spaniel
37. tercüman - der Übersetzer
38. veteriner - der Tierarzt
39. yaş - das Alter
40. yazar - der Schriftsteller
41. yemek - das Essen
42. yöntem - die Methode

B

Robert ve David, David'in evindeler. David kahvaltından sonra masayı temizliyor ve Robert bir gazetedeki reklamları ve ilanları okuyor. O, "Hayvanlar" adlı kırmızı başlığı okuyor. David'in kız kardeşi Nancy de odada. O, yatağın altında saklanan kediyi yakalamaya çalışıyor.

"Gazetede bedava birçok evcil hayvan var. Sanırım bir kedi veya bir köpek seçeceğim. David, sen ne düşünüyorsun?" diye sorar Robert David'e.

"Nancy, kediyi rahatsız etme!" der David kızgınca, "Pekala Robert, bu kötü bir fikir değil. Evcil hayvanın seni her zaman evde bekleyecek ve eve dönüp ona biraz yiyecek verdiğinde çok mutlu olacak. Ve sabahları ve akşamları evcil hayvanınla yürüyüş yapman gerekeceğini veya kutusunu temizlemen gerektiğini unutma. Bazen yerleri temizlemen gerekecek veya evcil hayvanını veterinere götürmen gerekecek. Bu yüzden bir hayvan almadan önce dikkatli düşün."

"Pekala, burada birkaç ilan var. Dinle," der Robert ve sesli okumaya başlar:

"Beyaz kirli köpek buldum, bir sıçana benziyor. Uzun zaman dışarıda yaşayabilir. Para için verebilirim.

İşte bir tane daha:

İspanyol köpek, İspanyolca konuşur. Ücretsiz veriyorum. Ve bedava yavru köpekler, yarı

Robert und David sind bei David zu Hause. David macht den Tisch nach dem Frühstück sauber, und Robert liest Anzeigen und Inserate in der Zeitung. Er liest die Rubrik ‚Tiere'. Davids Schwester Nancy ist auch im Zimmer. Sie versucht, die Katze, die sich unterm Bett versteckt, zu fangen.

„Es gibt so viele kostenlose Tiere in der Zeitung. Ich denke, ich werde mir eine Katze oder einen Hund aussuchen. Was meinst du, David?", fragt Robert.

„Nancy, hör auf, die Katze zu ärgern", sagt David wütend. „Na ja, Robert, das ist keine schlechte Idee. Dein Haustier wartet immer zu Hause auf dich und ist so glücklich, wenn du nach Hause kommst und ihm Futter gibst. Und vergiss nicht, dass du morgens und abends mit deinem Tier Gassi gehen oder seine Kiste sauber machen musst. Manchmal musst du den Boden putzen oder mit dem Tier zum Tierarzt gehen. Also, denk gut darüber nach, bevor du dir ein Haustier anschaffst."

„Also, hier sind ein paar Anzeigen. Hör zu", sagt Robert und beginnt, laut vorzulesen:
„Habe einen dreckigen, weißen Hund gefunden, sieht aus wie eine Ratte. Hat vielleicht lange auf der Straße gelebt. Ich gebe ihn für Geld her.
Und hier noch eine:
Spanischer Hund, spricht Spanisch. Gebe ihn kostenlos ab. Und kostenlose Welpen, halb Spaniel, halb schlauer Nachbarshund."

spanyel yarı sinsi komşu köpeği,"
Robert David'e bakar, "Bir köpek nasıl İspanyolca konuşabilir?"
"Bir köpek İspanyolca anlayabilir. Sen İspanyolca anlayabilir misin?" der David gülümseyerek.
"Ben İspanyolca anlayamam. Dinle, işte bir ilan daha:
Bedava çiftlik kedileri veriyorum. Yemeye hazır. Her şeyi yerler," Robert gazeteyi çevirir, "Pekala, sanırım evcil hayvanlar bekleyebilir. Ben en iyisi bir iş arayayım," iş hakkında kırmızı başlıklar bulur ve sesli okur,
"Uygun bir iş mi arıyorsunuz? İş danışmanlığı "Uygun personel" size yardım edebilir. Danışmanlarımız kişisel kabiliyetlerinizi değerlendirecektir ve size en uygun meslek hakkında bir öneri verecektir."
Robert yukarı bakar ve der: "David ne düşünüyorsun?"
Nancy "Senin için en iyi iş denizde bir kamyon yıkamak ve süzülmesini sağlamak," der ve çabucak odadan kaçar.
"Kötü bir fikir değil. Şimdi gidelim," diye cevaplar David ve Nancy'nin hayvanı bir dakika önce koyduğu, kediyi su ısıtıcıdan dikkatle alır.
Robert ve David "Uygun personel" iş danışmanlığına bisikletleriyle varır. Sıra yoktur, bu yüzden içeri girerler. Orada iki kadın vardır. Biri telefonla konuşuyor. Diğer kadın bir şey yazıyor. O Robert ve David'e oturmalarını söyler. Onun ismi Bayan Sharp. O onlara isimlerini ve yaşlarını sorar.
"Pekala, kullandığımız yöntemi açıklayayım. Bakın, beş tür meslek vardır.
1.İlk tür insan - doğadır. Meslekler: çiftçi, hayvanat bahçesi işçisi vb.
2.İkinci tür insan - makinedir. Meslekler: pilot, taksi şoförü, kamyon şoförü vb.
3.Üçüncü tür insan - insandır. Meslekler: doktor, öğretmen, gazeteci vb.
4.Dördüncü tür insan - bilgisayardır. Meslekler: tercüman, mühendis, programcı vb.

Robert sieht David an: „Wie kann ein Hund Spanisch sprechen?"

„Ein Hund kann Spanisch verstehen. Verstehst du Spanisch?", fragt David grinsend.

„Ich verstehe kein Spanisch. Hör zu, hier ist noch eine Anzeige:
Gebe kostenlos Kätzchen vom Bauernhof her. Fertig zum Essen. Sie essen alles."
Robert blättert die Zeitung um. „Na gut, ich denke, Tiere können warten. Ich suche besser einen Job." Er findet die Stellenanzeigen und liest laut:
„Suchen Sie nach einem passenden Job? Die Arbeitsvermittlung ‚Passende Mitarbeiter' kann Ihnen helfen. Unsere Berater beurteilen Ihre persönliche Begabung und erstellen Ihnen eine Empfehlung für den passendsten Beruf."
Robert sieht auf und sagt: „Was meinst du, David?"
„Der beste Job für euch ist, einen Laster im Meer zu waschen und ihn wegschwimmen zu lassen", sagt Nancy und rennt dann schnell aus dem Zimmer.
„Keine schlechte Idee. Lass uns gleich gehen", antwortet David und holt vorsichtig die Katze aus dem Kessel, in den Nancy sie kurz zuvor gelegt hatte.
Robert und David fahren mit dem Fahrrad zur Arbeitsvermittlung ‚Passende Mitarbeiter'. Es gibt keine Schlange und sie gehen hinein. Zwei Frauen sind da. Eine von ihnen telefoniert. Die andere schreibt etwas. Sie bittet Robert und David, Platz zu nehmen. Sie heißt Frau Sharp. Sie fragt sie nach ihren Namen und ihrem Alter.
„Gut, lasst mich euch die Methode, nach der wir arbeiten, erklären. Seht, es gibt fünf Berufskategorien:
1.Die Erste ist Mensch - Natur. Berufe: Bauer, Tierpfleger usw.
2.Die Zweite ist Mensch - Maschine. Berufe: Pilot, Taxifahrer, Lastwagenfahrer usw.
3.Die Dritte ist Mensch - Mensch. Berufe: Arzt, Lehrer, Journalist usw.

4.Die Vierte ist Mensch - Computer. Berufe: Übersetzer, Ingenieur, Programmierer usw.

5.Beşinci tür insan - sanattır. Meslekler: yazar, sanatçı, şarkıcı vb.
Sadece sizin hakkınızda daha fazla öğrendiğimizde uygun meslek bir önerileri veriyoruz. Öncelikle kişisel kabiliyetlerinizi değerlendireyim. Neleri beğendiğinizi ve neleri beğenmediğinizi bilmem gerekiyor. Sonra ne tür işin sizin için en uygun olduğunu bileceğiz. Lütfen, şimdi anketi doldurun," der Bayan Sharp ve onlara anketleri verir. David ve Robert anketleri doldururlar.

Anket

İsim: David Tweeter

Makine izlemek - Farketmez
İnsanlarla konuşmak - Severim
Müşterilere hizmet etmek - Farketmez
Araba, kamyon sürmek - Severim
İçeride çalışmak - Severim
Dışarıda çalışmak - Severim
Çok hatırlamak - Farketmez
Seyahat - Severim
Değerlendirmek, kontrol etmek - Nefret ederim
Kirli iş - Farketmez
Monoton iş - Nefret ederim
Ağır iş - Farketmez
Lider olmak - Farketmez
Takım olarak çalışmak - Farketmez
Çalışırken hayal etmek - Severim
Eğitmek - Farketmez
Yaratıcı çalışma yapmak - Severim
Metinlerle çalışmak - Severim

Anket

İsim: *Robert Genscher*

Makine izlemek - Farketmez
İnsanlarla konuşmak - Severim
Müşterilere hizmet etmek - Farketmez
Araba, kamyon sürmek - Farketmez
İçeride çalışmak - Severim
Dışarıda çalışmak - Severim
Çok hatırlamak - Farketmez
Seyahat - Severim
Değerlendirmek, kontrol etmek - Farketmez
Kirli iş - Farketmez
Monoton iş - Nefret ederim

5.Die Fünfte ist Mensch - Kunst. Berufe: Schriftsteller, Künstler, Sänger usw.
Wir erstellen Empfehlungen für passende Berufe erst, wenn wir euch besser kennengelernt haben. Lasst mich zuerst eure persönlichen Begabungen beurteilen. Ich muss wissen, was ihr mögt und was ihr nicht mögt. Dann wissen wir, welcher Beruf am besten zu euch passt. Füllt jetzt bitte den Fragebogen aus", sagt Frau Sharp und gibt ihnen die Fragebögen. David und Robert füllen die Fragebögen aus.

Fragebogen

Name: David Tweeter

Maschinen beobachten - Habe ich nichts dagegen
Mit Menschen sprechen - Mag ich
Kunden bedienen - Habe ich nichts dagegen
Autos, Lastwagen fahren - Mag ich
Im Büro arbeiten - Mag ich
Draußen arbeiten - Mag ich
Mir viel merken - Habe ich nichts dagegen
Reisen - Mag ich
Bewerten, kontrollieren - Hasse ich
Dreckige Arbeit - Habe ich nichts dagegen
Monotone Arbeit - Hasse ich
Schwere Arbeit - Habe ich nichts dagegen
Führer sein - Habe ich nichts dagegen
In der Gruppe arbeiten - Habe ich nichts dagegen
Während der Arbeit träumen - Mag ich
Trainieren - Habe ich nichts dagegen
Kreative Arbeit - Mag ich
Mit Texten arbeiten - Mag ich

Fragebogen

Name: Robert Genscher

Maschinen beobachten - Habe ich nichts dagegen
Mit Menschen sprechen - Mag ich
Kunden bedienen - Habe ich nichts dagegen
Autos, Lastwagen fahren - Habe ich nichts dagegen
Im Büro arbeiten - Mag ich
Draußen arbeiten - Mag ich
Mir viel merken - Habe ich nichts dagegen
Reisen - Mag ich
Bewerten, kontrollieren - Habe ich nichts dagegen
Dreckige Arbeit - Habe ich nichts dagegen

Ağır iş - Farketmez
Lider olmak - Nefret ederim
Takım olarak çalışmak - Severim
Çalışırken hayal etmek - Severim
Eğitmek - Farketmez
Yaratıcı çalışma yapmak - Severim
Metinlerle çalışmak - Severim

Monotone Arbeit - Hasse ich
Schwere Arbeit - Habe ich nichts dagegen
Führer sein - Hasse ich
In der Gruppe arbeiten - Mag ich
Während der Arbeit träumen - Mag ich
Trainieren - Habe ich nichts dagegen
Kreative Arbeit - Mag ich
Mit Texten arbeiten - Mag ich.

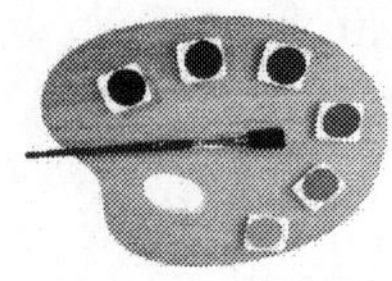

26

"San Francisco Haberleri"ne başvurmak

Bewerbung bei den "San Francisco News"

A

Kelimeler

Vokabeln

1. aile durumu - der Familienstand
2. akıcı bir şekilde - fließend
3. alan - das Feld
4. aldı - nahm
5. altını çizmek - unterstreichen
6. başvurmak - sich bewerben
7. Bayan - Fräulein
8. bekar - ledig
9. bırakmak - verlassen
10. bilgi - die Information, die Angabe
11. -bilirdi - könnte, kann
12. boş - leer
13. cinsiyet - das Geschlecht
14. çalıştı - gearbeitet
15. değerlendirdi - ausgewertet
16. devriye - die Patroiulle, die Streife
17. durum - der Stand
18. editör - der Herausgeber
19. eğitim - die Ausbildung
20. erkek - männlich
21. eşlik etmek - begleiten
22. finans - die Finanzwissenschaft

23. form - das Formular
24. görüşürüz - Auf Wiedersehen
25. hafta - die Woche
26. ihbar etmek - berichten
27. ikinci ad - der zweite Name
28. kadın - weiblich
29. muhbir - der Reporter
30. onyedi - siebzehn
31. önerdi - empfohlen
32. polis - die Polizei
33. sordu - gefragt
34. suçlu - der Verbrecher
35. uyruk - die Nationalität
36. vardı - angekommen
37. verdi - gab
38. yıldız işareti - das Sternchen
39. yirmibir - einundzwanzig

B

Bayan Sharp, David'in ve Robert'ın anketteki cevaplarını değerlendirdi. Onların kişisel kabiliyetlerini öğrendiğinde onlara uygun meslekler hakkında birkaç öneri verdi. O üçüncü tür mesleğin onlar için en uygun olduğunu söyledi. Bir doktor, öğretmen veya gazeteci vb. olarak çalışabilirlerdi. Bayan Sharp onlara "San Francisco Haberleri" gazetesine başvurmalarını önerdi. Suçlu kırmızı başlıklar için polis raporları yazabilen öğrencilere yarı zamanlı iş verdiler. Böylece Robert ve David "San Francisco Haberleri" nin personel departmanına vardılar ve bu işe başvurdular.
David, personel departmanının başı olan Bayan Slim'e "Bugün iş danışmanlığı "Uygun personel"e gittik," dedi, "Onlar gazetenize başvurmamızı önerdiler."
"Pekala, önceden hiç muhbir olarak çalıştınız mı?" diye sordu Bayan Slim.
"Hayır, çalışmadık," diye cevapladı David.
"Lütfen, bu kişisel bilgi formlarını doldurun," dedi Bayan Slim ve onlara iki form verdi. Robert ve David kişisel bilgi formlarını doldurdu.

Kişisel bilgi formu

*Yıldız işareti * olan alanları doldurmak zorunludur. Diğer alanları boş bırakabilirsiniz.*
Ad* - *David*
İkinci ad
Soyad* - *Tweeter*

Frau Sharp wertete Davids und Roberts Antworten im Fragebogen aus. Indem sie ihre persönlichen Begabungen kennenlernte, konnte sie ihnen Empfehlungen für passende Berufe geben. Sie sagte, dass die dritte Berufskategorie am besten zu ihnen passte. Sie könnten als Arzt, Lehrer oder Journalist arbeiten. Frau Sharp empfahl ihnen, sich um einen Job bei der Zeitung ‚San Francisco News' zu bewerben. Die hatte einen Nebenjob für Studenten zu vergeben, die Polizeiberichte in der Rubrik über Verbrechen verfassen konnten. Also gingen Robert und David in die Personalabteilung der Zeitung ‚San Francisco News' und bewarben sich um den Job.
„Wir waren heute bei der Arbeitsvermittlung Passende Mitarbeiter", sagte David zu Frau Slim, der Leiterin der Personalabteilung. „Sie haben uns empfohlen, uns bei Ihrer Zeitung zu bewerben."
„Habt ihr schon als Reporter gearbeitet? ", fragte Frau Slim.
„Nein", antwortete David.
„Füllt bitte diese Formulare mit euren persönlichen Angaben aus", sagte Frau Slim und gab ihnen zwei Formulare. Robert und David füllten sie aus.

Persönliche Angaben

*Alle mit einem Sternchen * markierten Felder müssen ausgefüllt werden. Die anderen Felder können leer gelassen werden.*
Vorname - David
Zweiter Name
Nachname - Tweeter

Cinsiyet* *(altını çizin)* - *Erkek Kadın*
Yaş* - *Yirmi yaşındayım*
Uyruk* - *ABD*
Aile durumu *(altını çizin)* - *bekar evli*
Adres* - *11 Queen caddesi, San Francisco, ABD*
Eğitim - *Bir üniversitede Gazetecilik okuyorum ve üçüncü senemdeyim*
Daha önce nerede çalıştınız? - *Bir çiftlik işçisi olarak iki ay boyunca çalıştım*
Nasıl deneyim ve beceriler edindiniz?* - *Bir araba, kamyon sürebilirim ve bir bilgisayar kullanabilirim*
Diller* 0 - yok, 10 - akıcı bir şekilde - *İspanyolca - 8, İngilizce - 10*
Ehliyet* *(altını çizin)* - *Hayır Evet Tür: BC, Kamyon sürebilirim*
Size gereken iş* *(altını çizin)* - *Tam zamanlı Yarı zamanlı: Haftada 15 saat*
Kazanmak istediğiniz miktar - *Saatte 15 dolar*

Kişisel bilgi formu

*Yıldız işareti * olan alanları doldurmak zorunludur. Diğer alanları boş bırakabilirsiniz.*

Ad* - *Robert*
İkinci ad
Soyad* - *Genscher*
Cinsiyet* *(altını çizin)* - *Erkek Kadın*
Yaş* - *Yirmi bir yaşındayım*
Milliyet* - *Alman*
Aile durumu *(altını çizin)* - *Bekar Evli*
Adres* - *218 numaralı oda, öğrenci yurtları, Üniversite Caddesi 36, San Francisco, ABD.*
Eğitim - *Bir üniversitede bilgisayar tasarımı okuyorum ve ikinci senemdeyim*
Daha önce nerede çalıştınız? - *Bir çiftlik işçisi olarak iki ay boyunca çalıştım*
Nasıl deneyim ve beceriler edindiniz?* - *Bir bilgisayar kullanabilirim*
Diller* 0 - yok, 10 - akıcı bir şekilde - *Almanca - 10, İngilizce - 8*
Ehliyet* *(altını çizin)* - *Hayır Evet Tür:*
Size gereken iş* *(altını çizin)* - *Tam zamanlı Yarı zamanlı: Haftada 15 saat*

Geschlecht (unterstreiche) - männlich weiblich
Alter - Zwanzig
Nationalität - Amerikaner
Familienstand (unterstreiche) - ledig verheiratet
Addresse - 11 Queen street, San Francisco, USA
Ausbildung - Ich studiere Journalismus im dritten Jahr an der Universität
Wo haben Sie zuvor gearbeitet? - Ich habe zwei Monate auf einem Bauernhof gearbeitet
Welche Erfahrung und Fähigkeiten haben Sie? - Ich kann Auto und Lastwagen fahren und mit dem Computer arbeiten.
Sprachen 0 - nein, 10 - fließend - Spanisch - 8, Englisch - 10
Führerschein (unterstreiche) - Nein Ja Typ: BC Kann Lastwagen fahren.
Sie brauchen einen Job (unterstreiche) - Vollzeit Teilzeit: 15 Stunden die Woche
Sie wollen verdienen - 15 Dollar die Stunde

Persönliche Angaben

*Alle mit einem Sternchen * markierten Felder müssen ausgefüllt werden. Die anderen Felder können leer gelassen werden.*

Vorname - Robert
Zweiter Name
Nachname - Genscher
Geschlecht (unterstreiche) - männlich weiblich
Alter - einundzwanzig
Nationalität - Deutscher

Familienstand (unterstreiche) - ledig verheiratet
Addresse - Zimer 218, Studentenwohnheim, College Street 36, San Francisco, USA
Ausbildung - Ich studiere Computerdesign im zweiten Jahr an der Universität
Wo haben Sie zuvor gearbeitet? - Ich habe zwei Monate auf einem Bauernhof gearbeitet
Welche Erfahrung und Fähigkeiten haben Sie? - Ich kann mit dem Computer umgehen
Sprachen 0 - nein, 10 - fließend - Deutsch - 10, Englisch - 8
Führerschein (unterstreiche) - Nein Ja Typ:
Sie brauchen einen Job (unterstreiche) - Vollzeit Teilzeit: 15 Stunden die Woche
Sie wollen verdienen - 15 Dollar die Stunde

Kazanmak istediğiniz miktar - *Saatte 15 dolar*
Bayan Slim onların kişisel bilgi formlarını "San Francisco Haberleri" nin editörüne götürdü.
"Editör kabul etti," dedi Bayan Slim geri döndüğünde, "Bir polis devriyesine eşlik edeceksiniz ve sonra suçla ilgili kırmızı başlık için raporlar yazacaksınız. Bir polis arabası yarın saat onyedide sizi almaya gelecek. O zamanda burada olun, tamam mı?"
"Tabii ki," diye cevapladı Robert.
"Evet, olacağız," dedi David, "Görüşürüz."
"Görüşürüz," diye cevapladı Bayan Slim.

Frau Slim brachte die Formulare mit ihren persönlichen Angaben zum Herausgeber der ‚San Francisco News'.
„Der Herausgeber ist einverstanden", sagte Frau Slim, als sie zurückkam. „Ihr begleitet eine Polizeistreife und schreibt dann Berichte für die Kriminalrubrik. Morgen um siebzehn Uhr werdet ihr von einem Polizeiauto abgeholt. Seid pünktlich da, ok?"
„Klar", antwortete Robert.
„Ja, wir werden pünktlich sein", sagte David. „Auf Wiedersehen".
„Auf Wiedersehen", antwortete Frau Slim.

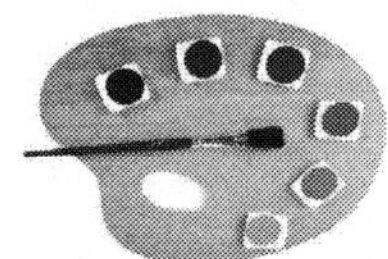

27

Polis devriyesi (bölüm 1)

Die Polizeistreife (Teil 1)

A

Kelimeler

Vokabeln

1. açtı - öffnete
2. alarm - der Alarm
3. anahtar - der Schlüssel
4. anladı - verstanden
5. bağırdı - gerufen
6. bastı - trat
7. bekledi - wartete
8. çalıştı - fuhr los, versuchte
9. çavuş - der Polizeihauptmeister
10. emniyet kemeri - der Sicherheitsgurt
11. eşlik etti - begleitet
12. etrafa bakınmak - sich umsehen
13. fiyat - der Preis
14. gösterdi - zeigte

15. havladı - bellte
16. herkes - alle
17. hırsız - der Dieb
18. hırsızlar - die Diebe
19. hız yapan sürücü - der Raser
20. hızla geçti - raste
21. inleyen - heulend
22. kahretsin - verdammt
23. kapalıydı - geschlossen
24. karşılaştı - getroffen, kennengelernt
25. kelepçe - die Handschellen
26. korkmuş - ängstlich
27. kuru - trocken
28. kurutmak - trocknen
29. limit - die Begrenzung
30. memur, polis - der Polizist
31. mikrofon - das Mikrofon
32. on iki - zwölf
33. sakladı - versteckte
34. silah - die Waffe
35. siren - die Sirene
36. Sorun ne? - Was ist los?
37. soygun - der Diebstahl
38. sürat, hız - die Geschwindigkeit
39. süratle gitmek - rasen
40. sürdü - fuhr
41. takip - die Verfolgung
42. takmak - anschnallen
43. yaptı - tat
44. yüksek - hoch
45. yüz - hundert

B

Robert ve David ertesi gün saat onyedide "San Francisco Haberleri" gazetesinin binasına vardılar. Polis arabası onları bekliyordu bile. Bir polis arabadan indi.
O David ve Robert arabaya geldiklerinde "Merhaba. Ben çavuş Frank Strict," dedi.
"Merhaba. Tanıştığıma memnun oldum. Benim adım Robert. Size eşlik etmeliyiz," diye cevapladı Robert.
"Merhaba. Ben David. Bizi uzun süredir bekliyor muydunuz?" diye sordu David.
"Hayır. Henüz şimdi buraya geldim. Arabaya binelim. Şehir devriyesine şimdi başlayacağız," dedi polis. Hepsi polis arabasına bindiler.
"İlk kez mi bir polis devriyesine eşlik ediyorsunuz?" diye sordu çavuş Strict motoru çalıştırırken.
"Daha önce hiçbir polis devriyesine eşlik etmedik," diye cevapladı David.
O sırada polis radyosu konuşmaya başladı: "P11 ve P07 dikkat! Mavi bir araba Üniversite caddesi boyunca süratle gidiyor."
Çavuş Strict mikrofona "P07 anlaşıldı," dedi. Sonra oğlanlara dedi ki: "Arabamızın numarası P07." Büyük mavi bir araba onların yanından

Am nächsten Tag kamen Robert und David um siebzehn Uhr zum Gebäude der Zeitung 'San Francisco News'. Das Polizeiauto wartete schon auf sie. Ein Polizist stieg aus dem Auto.
„Hallo. Ich bin Polizeihauptmeister Frank Strict", sagte er, als David und Robert zum Auto kamen.
„Hallo, schön, Sie kennenzulernen. Ich heiße Robert. Wir sollen Sie heute begleiten", antwortete Robert.
„Hallo, ich bin David. Haben Sie schon lange auf uns gewartet?", fragte David.
„Nein, ich bin gerade erst gekommen. Lasst uns einsteigen. Wir fangen jetzt mit der Streife in der Stadt an", sagte der Polizist. Sie stiegen alles ins Polizeiauto.
„Begleitet ihr zum ersten Mal eine Polizeistreife?", fragte Polizeihauptmeister Strict und machte den Motor an.
„Wir haben noch nie eine Polizeistreife begleitet", antwortete David.
In diesem Moment meldete sich der Polizeifunk: „Achtung P11 und P07! Ein blaues Auto fährt zu schnell auf der Universitätsstraße."
„P07 ist dran", sagte Polizeihauptmeister Strict ins Mikrofon. Dann sagte er zu den Jungs: „Die Nummer unseres Autos ist P07." Ein großes

çok yüksek hızla süratle geçti. Frank Strict mikrofonu tekrar aldı ve dedi: "P07 konuşuyor. Süratli mavi arabayı görüyorum. Takip başlasın," sonra oğlanlara dedi ki, "Kemerlerinizi takın." Polis arabası çabucak çalıştı. Çavuş gaza frene kadar bastı ve sireni açtı. Onlar binaları, arabaları ve otobüsleri inleyen sirenle geçtiler. Frank Strict mavi arabayı durdurdu. Çavuş arabadan indi ve hız yapan sürücüye gitti. David ve Robert arkasından gittiler.

"Ben polis memuru Frank Strict. Lütfen ehliyetinizi gösterin," dedi polis hız yapan sürücüye.

Sürücü "İşte ehliyetim," diyerek ehliyetini gösterdi, "Sorun ne?" dedi öfkeyle.

"Şehir boyunca saatte yüz yirmi kilometre süratle arabayı sürüyordunuz. Hız limiti elli," dedi çavuş.

"Ah, bu. Görüyorsunuz, arabamı henüz yıkadım. O yüzden onu kurutmak için birazcık daha hızlı sürüyordum," dedi adam sinsi bir gülümsemeyle.

"Arabayı yıkamak pahalıya mal oluyor mu?" diye sordu polis.

"Çok değil. Oniki dolara mal oldu," dedi hız yapan sürücü.

"Fiyatları bilmiyorsun," dedi çavuş Strict, "Aslında iki yüz oniki dolara mal oluyor çünkü arabayı kurutmak için iki yüz dolar ödeyeceksiniz. İşte trafik cezanız. İyi günler," dedi polis.

O hız yapan sürücüye iki yüz dolarlık bir hız yapma cezası verdi ve polis arabasına geri döndü.

"Frank, sanırım hız yapanlarla çok tecrübeye sahipsin, öyle değil mi?" diye sordu David polise.

"Onlarla çok karşılaştım," dedi Frank motoru başlatarak, "Başta kızgın kaplanlar veya sinsi tilkiler gibi görünürler. Ancak onlarla konuştuktan sonra, korkmuş yavru kediler veya aptal maymunlar gibi görünürler. Şu mavi arabadaki gibi."

blaues Auto raste mit hoher Geschwindigkeit an ihnen vorbei. Frank Strict nahm das Mikrofon und sagte: „Hier spricht P07. Ich sehe das rasende Auto. Nehme die Verfolgung auf". Dann sagte er zu den Jungs: „Bitte anschnallen!" Das Polizeiauto fuhr schnell los. Der Polizeihauptmeister trat das Gaspedal voll durch und machte die Sirene an. Mit heulender Sirene rasten sie an Gebäuden, Autos und Bussen vorbei. Frank Strict brachte das blaue Auto zum Anhalten. Der Polizeihauptmeister stieg aus dem Auto aus und ging zu dem Raser. David und Robert gingen ihm nach.

„Ich bin Polizeibeamter Frank Strict. Zeigen Sie mir bitte Ihren Führerschein", sagte der Polizist zu dem Raser.

„Hier ist mein Führerschein." Der Fahrer zeigte seinen Führerschein. „Was ist los?", fragte er wütend.

„Sie sind mit hundertzwanzig km/h durch die Stadt gefahren. Die Geschwindigkeitsbegrenzung ist fünfzig", sagte der Polizeihauptmeister.

„Ach so, das. Wissen Sie, ich habe gerade mein Auto gewaschen. Ich bin ein bisschen schneller gefahren, damit es trocknet", sagte der Mann mit einem schlauen Grinsen.

„Ist es teuer, Ihr Auto zu waschen?", fragte der Polizist.

„Nein. Es kostet zwölf Dollar", sagte der Raser.

„Sie kennen die Preise nicht", sagte Polizeihauptmeister Strict. „In Wirklichkeit kostet es Sie zweihundertzwölf Dollar, denn Sie werden zweihundert Dollar fürs Trocknen zahlen. Hier ist der Strafzettel. Einen schönen Tag noch", sagte der Polizist. Er gab dem Raser einen Strafzettel für Geschwindigkeitsüberschreitung über zweihundert Dollar und seinen Führerschein und ging zurück zum Polizeiauto.

„Frank, du hast viel Erfahrung mit Rasern, nicht wahr?", fragte David den Polizisten.

„Ich habe schon viele kennengelernt", sagte Frank und machte den Motor an. „Zu erst sehen sie wie wütende Tiger oder schlaue Füchse aus. Aber nachdem ich mit ihnen gesprochen habe, sehen sie wie ängstliche Kätzchen oder dumme Affen aus. Wie der im blauen Auto."

Bu sırada küçük beyaz bir araba şehir parkından uzak olmayan bir cadde boyunca yavaşça gidiyordu. Araba bir dükkanın yakınında durdu. Bir adam ve bir kadın arabadan indiler ve dükkana girdiler. Kapalıydı. Adam etrafa bakındı. Sonra çabucak birkaç anahtar çıkardı ve kapıyı açmaya çalıştı. Sonunda açtı ve içeri girdiler.
"Bak! Burada birçok elbise var!" dedi kadın. Büyük bir çanta çıkardı ve her şeyi oraya koymaya başladı. Çanta dolduğunda, arabaya götürdü ve geri geldi.
"Her şeyi çabucak al! Oh! Ne muhteşem bir şapka!" dedi adam. Vitrinden büyük siyah bir şapka aldı ve taktı.
"Şu kırmızı elbiseye bak! Çok beğendim!" dedi kadın ve çabucak kırmızı elbiseyi giydi. Daha başka çantası yoktu. Bu yüzden eline daha çok şey aldı, dışarı koştu ve onları arabaya koydu. Sonra daha çok şey getirmek için içeriye koştu.
Polis arabası P07, radyo konuşmaya başladığında yavaşça şehir parkı boyunca gidiyordu:
"Tüm devriyelerin dikkatine. Şehir parkının yakınındaki bir dükkandan soygun alarmı duyduk. Dükkanın adresi 72 Park caddesi."
"P07 anlaşıldı," dedi Frank mikrofona, "Bu yere çok yakınım. Oraya gidiyorum." Dükkanı çabucak buldular ve beyaz arabaya gittiler. Sonra arabadan indiler ve arkasına saklandılar. Yeni kırmızı elbiseli kadın dükkandan dışarı koştu. Polis arabasına birkaç elbise koydu ve dükkana geri koştu. Kadın bunu çabucak yaptı. Onun bir polis arabası olduğunu görmedi!
"Kahretsin! Silahımı polis merkezinde unuttum!" dedi Frank. Robert ve David Çavuş Strict'e baktılar ve sonra birbirlerine şaşırdılar. Polisin kafası o kadar çok karışmıştı ki David ve Robert ona yardım etmeleri gerektiğini anladılar. Kadın yine dükkandan koşarak çıktı, polis arabasına birkaç elbise koydu ve geri koştu. Sonra David Frank'e dedi ki: "Silahımız varmış gibi yapabiliriz."

In der Zwischenzeit fuhr ein kleines, weißes Auto nicht weit vom Stadtpark langsam die Straße entlang. Das Auto hielt in der Nähe eines Ladens. Ein Mann und eine Frau stiegen aus und gingen zu dem Laden. Er war geschlossen. Der Mann sah sich um. Dann holte er schnell einige Schlüssel hervor und versuchte, die Tür zu öffnen. Schließlich öffnete er sie, und sie gingen hinein.
„Sieh, so viele Kleider", sagte die Frau. Sie holte eine große Tasche hervor und begann, alles hineinzupacken. Als die Tasche voll war, brachte sie sie zum Auto und kam zurück.
„Nimm schnell alles! Oh! Was für ein schöner Hut!", sagte der Mann. Er nahm einen großen schwarzen Hut aus dem Schaufenster und zog ihn auf.
„Sieh dir dieses rote Kleid an! Das finde ich toll!", sagte die Frau und zog schnell das rote Kleid an. Sie hatte keine Taschen mehr. Deswegen nahm sie mehr Sachen in die Hände, rannte nach draußen und packte sie ins Auto. Dann rannte sie nach drinnen, um noch mehr Dinge zu holen.
Das Polizeiauto P07 fuhr gerade langsam den Stadtpark entlang, als sich der Funk meldete:
„Achtung, alle Einheiten. Wir haben einen Einbruchsalarm aus einem Laden in der Nähe des Stadtparks. Die Adresse des Ladens ist Parkstraße 72."
„P07 ist dran", sagte Frank ins Mikro. „Ich bin ganz in der Nähe. Fahre dorthin." Sie hatten den Laden schnell gefunden und fuhren zu dem weißen Auto. Dann stiegen sie aus dem Auto aus und versteckten sich dahinter. Die Frau im roten Kleid kam aus dem Laden gerannt. Sie legte einige Kleider auf das Polizeiauto und rannte zurück in den Laden. Die Frau tat das sehr schnell. Sie sah nicht, dass es ein Polizeiauto war.
„Verdammt! Ich habe meine Waffe auf der Polizeiwache vergessen!", sagte Frank. Robert und David sahen Polizeihauptmeister Strict und dann einander überrascht an. Der Polizist war so verwirrt, dass David und Robert verstanden, dass er Hilfe brauchte. Die Frau rannte wieder aus dem Laden, legte Kleider auf das Polizeiauto und rannte zurück. Dann sagte

"Hadi yapalım," diye cevapladı Frank, "Ancak siz kalkmayın. Hırsızların silahları olabilir," dedi ve sonra bağırdı, "Polis konuşuyor! Dükkanın içindeki herkes ellerini kaldırsın ve birer birer dükkandan çıksın!"
Bir dakika boyunca beklediler. Kimse çıkmadı. Sonra Robert'ın aklına bir fikir geldi.
"Eğer şimdi çıkmazsanız, polis köpeğini üstünüze salacağız!" diye bağırdı ve büyük kızgın bir köpek gibi havladı. Hırsızlar hemen elleri yukarı bir şekilde dışarı koştular. Frank çabucak onları kelepçeledi ve onları polis arabasına götürdü. Sonra Robert'a dedi ki: "Bir köpeğimiz varmış gibi yapmak harika bir fikirdi! Görüyorsun, silahımı ikinci kez unutuyorum. Üçüncü kez unuttuğumu öğrenirlerse, beni kovabilirler veya ofis işi yaptırabilirler. Bunu kimseye söylemeyeceksin, değil mi?"
"Tabii ki, hayır!" dedi Robert.
"Asla," dedi David.
"Bana yardım ettiğiniz için çok teşekkür ederim çocuklar!" Frank onların ellerini kuvvetle sıktı.
(devam edecek)

David zu Frank: „Wir können so tun, als ob wir Waffen haben."
„Lasst uns das machen", antwortete Frank. „Aber ihr steht nicht auf. Die Diebe haben vielleicht Waffen", sagte er und rief dann: „Hier spricht die Polizei! Alle, die im Laden sind, heben ihre Hände und kommen langsam einer nach dem anderen aus raus!"
Sie warteten eine Minute. Niemand kam. Dann hatte Robert eine Idee.
„Wenn ihr nicht rauskommt, hetzen wir den Polizeihund auf euch!", rief er und bellte wie ein großer, wütender Hund. Die Diebe kamen sofort mit erhobenen Händen herausgerannt. Frank legte ihnen schnell Handschellen an und brachte sie ins Polizeiauto. Dann sagte er zu Robert: „Das war eine gute Idee, so zu tun, als ob wir einen Hund hätten. Weißt du, ich habe meine Waffe schon zweimal vergessen. Wenn sie herausfinden, dass ich sie zum dritten Mal vergessen habe, feuern sie mich vielleicht oder lassen mich Büroarbeit machen. Ihr erzählt es doch niemandem, oder?"
„Natürlich nicht!", sagte Robert.
„Nie", sagte David.
„Vielen Dank für eure Hilfe, Jungs!" Frank schüttelte ihnen kräftig die Hand.
(Fortsetzung folgt)

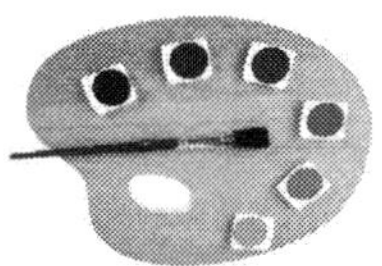

28

Polis devriyesi (bölüm 2)

Die Polizeistreife (Teil 2)

Kelimeler

Vokabeln

1. açıldı - geöffnet
2. adam, adamlar - die Männer
3. affetmek - sich entschuldigen; Affedersiniz. - Entschuldigen Sie.
4. aldı - gebracht
5. alışveriş merkezi - das Einkaufszentrum
6. az - selten
7. basmak - drücken
8. baygın - bewusstlos
9. benim - mein
10. birisi - jemand
11. cam - das Glas
12. cep - die Tasche
13. cep telefonu - das Handy
14. cevapladı - geantwortet

15. çaldı - klingelte
16. çalındı - gestohlen
17. çevirdi - drehte
18. da, ayrıca - auch
19. dün - gestern
20. gitti, yok - weg
21. gizlice - heimlich
22. gördü - sahen
23. henüz - noch
24. kasa - der Tresor
25. kasiyer - der Kassierer
26. kimin - wessen
27. korumak - beschützen
28. normal - gewöhnlich
29. para - das Bargeld
30. saygılarımla - hochachtungsvoll
31. sekme - abprallen
32. soygun - der Überfall
33. soyguncu - der Dieb
34. telefon - das Telefon
35. telefon etmek - anrufen
36. tuş - der Knopf
37. vurdu - schoss; angeschossen
38. yazarkasa - die Kasse
39. zeki, zekice - schlau

B

Ertesi gün Robert ve David yine Frank'e eşlik ediyorlardı. Bir kadın onların yanına geldiğinde onlar büyük bir alışveriş merkezinin yakınında duruyorlardı.
"Lütfen bana yardım edebilir misiniz?" diye sordu o.
"Tabii ki, hanımefendi. Ne oldu?" diye sordu Frank.
"Cep telefonum yok. Sanırım çalındı."
"Bugün kullanıldı mı?" diye sordu polis.
"Alışveriş merkezinden çıkmadan önce benim tarafımdan kullanıldı," diye cevapladı.
"İçeri girelim," dedi Frank. Alışveriş merkezine girdiler ve etrafa bakındılar. Orada birçok insan vardı.
"Eski bir numara deneyelim," diyerek Frank kendi telefonunu çıkardı, "Telefon numaranız nedir?" diye kadına sordu. Kadın söyledi ve o kadının telefon numarasını aradı. Onlardan uzak olmayan bir cep telefonu çaldı. Onlar çaldığı yere gittiler. Orada bir sıra vardı. Sıradaki bir adam polise baktı ve sonra çabucak kafasını başka bir yere çevirdi. Polis daha da yaklaştı ve dikkatle dinledi. Telefon adamın cebinde çalıyordu.
"Affedersiniz," dedi Frank. Adam ona baktı.
"Affedersiniz, telefonunuz çalıyor," dedi Frank.

Am nächsten Tag begleiteten Robert und David Frank wieder. Sie standen neben einem großen Einkaufszentrum, als eine Frau zu ihnen kam.
„Können Sie mir bitte helfen?", fragte sie.
„Natürlich. Was ist passiert?", fragte Frank.
„Mein Handy ist weg. Ich glaube, es wurde gestohlen."
„Haben Sie es heute schon benutzt?", fragte der Polizist.
„Ich habe es benutzt, bevor ich das Einkaufszentrum verlassen habe", antwortete die Frau.
„Lasst uns reingehen", sagte Frank. Sie gingen ins Einkaufszentrum und sahen sich um. Viele Leute waren da.
„Lasst uns einen alten Trick versuchen", sagte Frank und holte sein eigenes Handy hervor.
„Wie ist Ihre Nummer?", fragte er die Frau. Sie sagte sie ihm, und er wählte. Nicht weit von ihnen klingelte ein Handy. Sie gingen zu der Stelle, an der es klingelte. Dort war eine Schlange. Ein Mann in der Schlange sah den Polizisten an und schaute dann schnell weg. Der Polizist ging näher hin und horchte aufmerksam. Das Handy klingelte in der Tasche des Mannes.
„Entschuldigen Sie", sagte Frank. Der Mann sah ihn an.
„Entschuldigen Sie, Ihr Handy klingelt", sagte Frank.

"Nerede?" dedi adam.
"Burada, cebinizde," dedi Frank.
"Hayır, çalmıyor," dedi adam.
"Evet, çalıyor," dedi Frank.
"Benim değil o," dedi adam.
"O zaman cebinizde kimin telefonu çalıyor?" diye sordu Frank.
"Bilmiyorum," diye cevapladı adam.
"Bakayım, lütfen," dedi Frank ve telefonu adamın cebinden aldı.
"Oh, bu benim!" diye bağırdı kadın.
"Telefonunuzu alın, hanımefendi," dedi Frank kadına onu vererek.
Frank "Bakabilir miyim, efendim?" diye sordu ve yine elini adamın cebine soktu. Başka bir telefon çıkardı, ve sonra bir tane daha.
Frank adama "Bunlar da mı sizin değil?" diye sordu.
Adam başka bir yere bakarak kafasını salladı.
"Ne tuhaf telefonlar!" diye bağırdı Frank. "Sahiplerinden kaçmışlar ve bu adamın cebine zıplamışlar! Ve şimdi onun cebinde çalıyorlar, değil mi?"
"Evet, öyle," dedi adam.
"Biliyorsunuz, benim işim insanları korumak. Ve ben sizi onlardan koruyacağım. Arabama binin ve sizi hiçbir telefonun cebinize atlayamayacağı yere götüreyim. Polis merkezine gidelim," dedi polis. Sonra adamı kolundan tuttu ve onu polis arabasına götürdü.
Hırsızı polis merkezine götürdükten sonra Frank Strict "Aptal suçluları seviyorum," diyerek gülümsedi.
"Daha önce hiç akıllı olanlarla karşılaştın mı?" diye sordu David.
"Evet, karşılaştım. Ancak çok azıyla," diye cevapladı polis, "Çünkü akıllı bir suçluyu yakalamak çok zordur."
Bu sırada iki adam Express Bankasına geldi. Biri sıraya girdi. Diğeri yazarkasanın önüne geldi ve kasiyere bir kağıt verdi. Kasiyer kağıdı aldı ve okudu:
"Sevgili Efendim, Bu Express Bankasının bir soygunudur. Bana tüm parayı verin.

„Wo?", sagte der Mann.
„Hier, in ihrer Tasche", sagte Frank.
„Nein, es klingelt nicht", sagte der Mann.
„Doch, es klingelt", sagte Frank.
„Das ist nicht meins", sagte der Mann.
„Wessen Telefon klingelt dann in Ihrer Tasche?", fragte Frank.
„Ich weiß es nicht", antwortete der Mann.
„Zeigen Sie es mir bitte", sagte Frank und holte das Handy aus der Tasche des Mannes.
„Oh, das ist meins!", rief die Frau.
„Hier, nehmen Sie Ihr Telefon", sagte Frank und gab es ihr.
„Darf ich?", fragte Frank und steckte seine Hand wieder in die Tasche des Mannes. Er holte ein anderes Handy hervor und dann noch eins.
„Gehören die auch nicht Ihnen?", fragte Frank den Mann.
Der Mann schüttelte den Kopf und sah weg.
„Was für seltsame Handys!", rief Frank. „Sie sind ihren Besitzern davongelaufen und in die Tasche dieses Mannes gesprungen! Und jetzt klingeln sie in seiner Tasche, oder nicht?"
„Ja, das tun sie", sagte der Mann.
„Wie Sie wissen, ist es mein Job, Menschen zu beschützen. Und ich werde Sie vor ihnen beschützen. Steigen Sie in mein Auto, und ich bringe Sie an einen Ort, wo kein Telefon in Ihre Tasche springen kann. Wir fahren aufs Revier", sagte der Polizist. Dann nahm er den Mann am Arm und brachte ihn zum Auto.
„Ich mag dumme Verbrecher", sagte Frank Strict grinsend, nachdem sie den Dieb aufs Revier gebracht hatten.
„Hast du schon schlaue getroffen?", fragte David.
„Ja, das habe ich. Aber es passiert selten"; antwortete der Polizist. „Denn es ist sehr schwer, einen schlauen Verbrecher zu fangen."
In der Zwischenzeit betraten zwei Männer die Express Bank. Einer von ihnen stellte sich in der Schlange an. Ein anderer ging zur Kasse und gab dem Kassierer einen Zettel. Der Kassierer nahm den Zettel und las.
„Sehr geehrter Herr, das ist ein Überfall auf die Express Bank. Geben Sie mir alles Geld. Wenn Sie es nicht tun, werde ich meine Waffe

Vermezseniz, silahımı kullanacağım. Teşekkür ederim.
Saygılarımla, Bob"
Kasiyer gizlice alarm tuşuna basarken "Sanırım size yardım edebilirim," dedi, "Ancak paralar benim tarafımdan dün bir kasaya kitlendi. Kasa henüz açılmadı. Birine kasayı açmasını ve paraları getirmesini söyleyeceğim. Tamam mı?"
"Tamam! Ama çabuk yap!" diye cevapladı soyguncu.
"Paralar çantalara konulurken size bir fincan kahve yapayım mı?" diye sordu kasiyer.
"Hayır, teşekkür ederim. Sadece para," diye cevapladı soyguncu.
Polis arabası P07'deki radyo konuşmaya başladı: "Tüm devriyelerin dikkatine. Express Bankasından bir soygun alarmı aldık."
"P07 anlaşıldı," diye cevapladı çavuş Strict. O frene kadar gaza bastı ve araba çabucak çalıştı. Bankaya gittiklerinde, henüz başka bir polis arabası yoktu.
"İçeri girersek ilginç bir rapor yazacağız," dedi David.
"Siz çocuklar ne gerekiyorsa yapın. Ve ben arka kapıdan içeri geleceğim," dedi çavuş Strict. Silahını aldı ve çabucak bankanın arka kapısına gitti. David ve Robert esas kapıdan bankaya geldiler. Yazarkasanın yanında duran bir adam gördüler. O bir elini cebine koydu ve etrafa bakındı. Onunla gelen adam, sıradan uzaklaştı ve ona geldi.
"Para nerede?" diye Bob'a sordu.
"Roger, kasiyer çantalara konulduğunu söyledi," diye cevapladı başka bir soyguncu.
"Beklemekten yoruldum!" dedi Roger. Bir silah çıkardı ve kasiyere doğrulttu, "Tüm parayı şimdi getir!" diye kasiyere bağırdı soyguncu. Sonra mekanın ortasına gitti ve bağırdı: "Herkes dinlesin! Bu bir soygundur! Kimse kımıldamasın!" O an yazarkasanın yakınındaki birisi hareket etti. Silahlı soyguncu bakmadan ona ateş etti. Başka bir soyguncu yere düştü ve bağırdı: "Roger! Aptal!

benutzen. Danke.
Hochachtungsvoll, Bob"
„Ich denke, ich kann Ihnen helfen", sagte der Kassierer, während er heimlich den Alarmknopf drückte. „Aber das Geld wurde gestern von mir im Tresor eingeschlossen. Der Tresor wurde noch nicht geöffnet. Ich werde jemanden bitten, den Tresor zu öffnen und das Geld zu bringen. Okay?"
„Okay. Aber schnell!", antwortete der Dieb.
„Hätten Sie gerne eine Tasse Kaffee, während das Geld in Taschen gepackt wird?", fragte der Kassierer.
„Nein, danke. Nur Geld", antwortete der Dieb.
Der Funk im Polizeiauto P07 meldete sich: „Achtung, alle Einheiten. Überfallalarm in der Express Bank."
„P07 ist dran", antwortete Polizeihauptmeister Strict. Er trat aufs Gas, und das Auto fuhr schnell los. Als sie an der Bank ankamen, war noch kein anderes Polizeiauto da.
„Das wird ein interessanter Bericht, wenn wir reingehen", sagte David.
„Ihr Jungs macht, was ihr braucht. Ich gehe durch die Hintertür rein", sagte Polizeihauptmeister Strict. Er holte seine Waffe raus und ging schnell zur Hintertür der Bank. David und Robert betraten die Bank durch die Eingangstür. Sie sahen einen Mann in der Nähe der Kasse stehen. Er hatte eine Hand in seiner Tasche und sah sich um. Der Mann, der mit ihm gekommen war, ging aus der Schlange zu ihm.
„Wo ist das Geld?", fragte er Bob.
„Roger, der Kassierer hat gesagt, dass es in Taschen gepackt wird", antwortete der andere Dieb.
„Ich habe es satt, zu warten", sagte Roger. Er holte seine Waffe hervor und richtete sie auf den Kassierer. „Bringen Sie jetzt alles Geld!", schrie er. Dann ging er in die Mitte des Raums und rief: „Alle herhören! Das ist ein Überfall! Niemand bewegt sich!" In diesem Moment bewegte sich jemand in der Nähe der Kasse. Der Dieb mit der Waffe schoss auf ihn, ohne hinzuschauen. Der andere Dieb fiel auf den Boden und rief: „Roger! Du Vollidiot! Verdammt! Du hast mich angeschossen!"
„Oh, Bobby! Ich habe nicht gesehen, dass du

Kahretsin! Beni vurdun!”
“Oh, Bobby! Senin olduğunu görmedim!” dedi Roger. O an kasiyer çabucak kaçtı.
Roger Bob’a “Kasiyer kaçtı ve para henüz buraya getirilmedi!” diyerek bağırdı, “Polis yakında buraya gelebilir! Ne yapmalıyız?”
“Büyük bir şey al, camı kır ve parayı al. Çabuk!” diye bağırdı Bob. Roger metal bir sandalye aldı ve kasanın camına vurdu. Tabii ki normal bir cam değildi ve kırılmadı. Ancak sandalye sekmeyle geri tepti ve soyguncunun başına çarptı! O baygın bir şekilde yere düştü. O an çavuş Strict içeri koştu ve çabucak soygunculara kelepçe taktı. David ve Robert’a döndü.
“Söylemiştim! Çoğu suçlu sadece aptal!” dedi.

das bist!“, sagte Roger. In diesem Moment rannte der Kassierer schnell nach draußen.
„Der Kassierer ist weggerannt, und das Geld ist noch nicht hierher gebracht worden!“, rief Roger Bob zu. „Die Polizei kann jeden Moment kommen! Was sollen wir machen?“
„Nimm etwas Großes, zerschlag das Glas und nimm das Geld! Schnell!“, rief Bob. Roger nahm einen metallenen Stuhl und schlug auf das Glas der Kasse. Natürlich war es kein gewöhnliches Glas und zerbrach nicht. Doch der Stuhl prallte zurück und traf den Dieb am Kopf! Er fiel bewusstlos zu Boden. In diesem Moment kam Polizeihauptmeister Strict hereingerannt und legte den Dieben schnell Handschellen an. Er drehte sich zu David und Robert um.
„Hab ich es doch gesagt! Die meisten Verbrecher sind einfach nur dumm!“, sagte er.

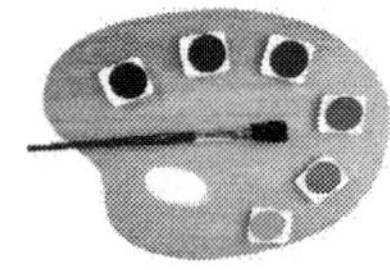

29

Yabancı Öğrenciler Okulu (YÖO) ve au pair

Schule für Austauschschüler (SAS) und Au-pair

A

Kelimeler

Vokabeln

1. adaletsiz - ungerecht
2. anlaşma - die Vereinbarung
3. aradı - riefen an
4. beri - seit
5. bir kere - einmal
6. Birleşik Devletler, ABD - die Vereinigten Staaten, die USA
7. da - auch
8. değişim - die Änderung
9. değişmek - ändern
10. e-mail - die E-Mail
11. en yakın - nächste
12. ev sahibi - der Gastgeber
13. ev sahibi aile - die Gastfamilie

14. geçti - abgelaufen
15. gönderdi - schickte
16. hizmetçi - der Bedienstete
17. için - da, weil
18. iki kere - zweimal
19. imkan - die Möglichkeit
20. internet sitesi - die Website
21. katılımcı - der Teilnehmer
22. katılmak - kommen in
23. kız - die Tochter
24. kişi - die Person
25. köy - das Dorf
26. kurs - der Kurs
27. Kuzey Amerika ve Avrasya - Nordamerika und Eurasien
28. mektup - der Brief
29. ödedi - bezahlte, gezahlt
30. ödemek - bezahlen, zahlen
31. öğreniyor - lernen
32. problem - das Problem
33. seçmek - auswählen, entscheiden für
34. seçti - entschied sich für
35. standart - der Standard, Standard-
36. tarih - das Datum
37. umut - die Hoffnung
38. umut etmek - hoffen
39. ülke - das Land
40. yarışma - die Ausschreibung, der Wettbewerb
41. yaşadı - lebte
42. yaşça büyük - älter
43. yazdı - schrieb
44. ziyaret etti - besuchte

B

Robert'ın kız kardeşi, erkek kardeşi ve ebeveynleri Almanya'da yaşıyorlardı. Hannover'da yaşıyorlardı. Onun kız kardeşinin adı Gabi'ydi. O yirmi yaşındaydı. O onbir yaşından beri İngilizce öğreniyordu. Gabi onbeş yaşına geldiğinde, YÖO programına katılmak istemişti. YÖO, bir ev sahibi aile ile yaşayarak ve bir Amerikan okulda okuyarak Avrasya'dan bazı lise öğrencilerinin ABD'de bir yıl geçirmelerine imkan sağlıyor. Program ücretsiz. Uçak biletleri, bir aile ile yaşamak, yemek, Amerikan bir okulda okumak YÖO tarafından ödenir. Ancak internet sitesinden yarışma tarihinin bilgisini edindiğinde, yarışma günü geçmişti bile.
Sonra o au pair programını öğrendi. Bu program katılımcılarına başka bir ülkede bir ev sahibi aileyle, çocuklara bakarak ve bir dil kursunda dil öğrenerek bir yıl geçirme imkanı sağlıyor. Robert San Francisco'da çalıştığı için, Gabi ona bir e-mail yazdı. O, ABD'de onun için bir ev sahibi aile bulmasını istedi. Robert bazı ilanlı gazetelere ve internet sitelerine baktı. Sonra o http://www.aupair-world.net /'te

Roberts Schwester, Bruder und Eltern lebten in Deutschland. Sie wohnten in Hannover. Seine Schwester hieß Gabi. Sie war zwanzig Jahre alt. Sie lernte Englisch, seit sie elf war. Als Gabi fünfzehn war, wollte sie an dem Programm SAS teilnehmen. SAS gibt Highschool-Schülern aus Eurasien die Möglichkeit, ein Jahr in den USA zu verbringen, in einer Gastfamilie zu leben und eine amerikanische Schule zu besuchen. Das Programm ist kostenlos. Das Flugticket, die Unterkunft in der Familie, Essen und das Besuchen der amerikanische Schule werden von SAS gezahlt. Aber als sie sich auf der Website über die Ausschreibung informierte, war die Frist schon abgelaufen.
Dann erfuhr sie von dem Au-pair-Programm. Dieses Programm ermöglicht es den Teilnehmern, ein oder zwei Jahre in einem anderen Land zu verbringen, bei einer Gastfamilie zu leben, sich um die Kinder zu kümmern und eine Sprachschule zu besuchen. Da Robert gerade in San Francisco studierte, schrieb Gabi ihm eine E-Mail. Sie bat ihn darum, eine Gastfamilie für sie in den USA zu finden. Robert sah Zeitungen und Websites mit Anzeigen durch. Er fand amerikanische

ABD'den birkaç ev sahibi aile buldu. Sonra Robert San Francisco'da bir au pair acentesini ziyaret etti. Ona bir kadın danışmanlık yaptı. Onun ismi Alice Sunflower'dı.
Robert Alice'e "Kız kardeşim Almanyalı. O bir Amerikalı aile ile au pair olmak istiyor. Bu konuda bana yardım eder misiniz?" diye sordu.
"Size yardım etmekten memnun olurum. Au pair'leri tüm ABD'den ailelere yerleştiriyoruz. Bir au pair evde yardımcı olmak için ve çocuklara bakmak için ev sahibi bir aileye katılan bir kişidir. Ev sahibi aile au pair'e yemek, bir oda ve harçlık verir. Harçlık 200 ve 600 dolar arası olabilir. Ev sahibi aile au pair'e bir dil kursu için de ödeme yapmalıdır," dedi Alice.
"Orada iyi ve kötü aile var mı?" diye sordu Robert.
"Bir aile seçerken iki problem vardır. Birincisi bazı aileler bir au pair'in, tüm aile üyeleri için yemek, temizlik, yıkama, bahçede çalışma vb. gibi evde her şeyi yapması gereken bir hizmetçi olduğunu sanar. Ancak bir au pair hizmetçi değildir. Bir au pair ebeveynlere daha küçük çocuklar konusunda yardım eden ailenin yaşça büyük kızı veya oğlu gibidir. Onlar haklarını korumak için ev sahibi aile ile bir anlaşma yapmalıdır. Bazı au pair acenteleri veya ev sahibi aileler "standart" anlaşma kullandıklarını söylediğinde inanmayın. Standart anlaşma yoktur. Eğer adaletsiz ise au pair anlaşmanın herhangi bir kısmını değiştirebilir. Bir au pair'ın ve ev sahibi ailenin yapacağı her şey bir anlaşmada yazılı olmalıdır.
İkinci problem şudur: Bazı aileler dil kurslarının olmadığı ve bir au pair'in boş zamanında gidebileceği çok az sayıda yerin olduğu küçük köylerde yaşarlar. Bu durumda au pair en yakındaki büyük şehre gittiğinde ev sahibi ailenin gidiş dönüş biletini ödemesine anlaşmada yer vermek önemlidir. Haftada bir veya iki kere olabilir."
"Anlıyorum. Kız kardeşim San Francisco'dan

Gastfamilien auf http://www.aupair-world.net/. Dann ging Robert zu einer Au-pair-Vermittlung in San Francisco. Er wurde von einer Frau beraten. Sie hieß Alice Sunflower.
„Meine Schwester ist aus Deutschland. Sie würde gerne als Au-pair bei einer amerikanischen Familie arbeiten. Können Sie mir helfen?", fragte Robert Alice.
„Natürlich, sehr gerne. Wir vermitteln Au-pairs an Familien überall in der USA. Ein Au-pair kommt in eine Gastfamilie, um im Haus zu helfen und sich um die Kinder zu kümmern. Die Gastfamilie gibt dem Au-pair Essen, ein Zimmer und Taschengeld. Das Taschengeld liegt zwischen zweihundert und sechshundert Dollar. Die Gastfamilie muss auch einen Sprachkurs für das Au-pair bezahlen", sagte Alice.
„Gibt es gute und schlechte Familien?", fragte Robert.
„Es gibt zwei Probleme bei der Wahl einer Familie. Zum einen denken manche Familien, dass ein Au-pair ein Bediensteter sei, der alles im Haus machen muss, einschließlich für die ganze Familie kochen, putzen, waschen, Gartenarbeit usw. Aber ein Au-pair ist kein Bediensteter. Ein Au-pair ist wie eine ältere Tochter oder ein älterer Sohn der Familie, der den Eltern mit den jüngeren Kindern hilft. Um ihre Rechte zu schützen, müssen die Au-pairs eine Vereinbarung mit der Gastfamilie ausarbeiten. Glaub bloß nicht, wenn Au-pair-Vermittlungen oder Gastfamilien sagen, dass sie eine Standardvereinbarung verwenden. Es gibt keine Standardvereinbarung. Das Au-pair kann jeden Teil der Vereinbarung ändern, wenn sie ungerecht ist. Alles, was ein Au-pair und die Gastfamilie machen, muss schriftlich in der Vereinbarung festgehalten werden.
Das zweite Problem ist: Manche Familien leben in kleinen Dörfern, in denen es keine Sprachkurse und wenige Orte gibt, wo das Au-pair in seiner Freizeit hingehen kann. In diesem Fall muss die Vereinbarung enthalten, dass die Gastfamilie für Hin- und Rückfahrkarten in die nächste größere Stadt zahlen muss, wenn das Au-pair dorthin fährt. Das kann ein- oder zweimal die Woche sein."
„Alles klar. Meine Schwester hätte gerne eine

bir aile istiyor. Bu şehirde iyi bir aile bulabilir misiniz?" diye sordu Robert.
"Pekala, şu an San Francisco'da yaklaşık yirmi aile var," diye cevapladı Alice. O onların bazılarına telefon etti. Ev sahibi aileler Almanya'dan bir au pair edinmekten memnundu. Ailelerin çoğu Gabi'den fotoğrafla bir mektup almak istedi. Bazıları da biraz İngilizce konuşabildiğinden emin olmak için ona telefon etmek istediler. Böylece Robert onlara onun telefon numarasını verdi.
Bazı ev sahibi aileler Gabi'yi aradı. Sonra o onlara mektuplar gönderdi. Sonunda o uyumlu bir aile seçti ve Alice'in yardımıyla onlarla bir anlaşma yaptı. Aile Almanya'dan ABD'ye gidiş biletini ödedi. Sonunda Gabi ABD'ye umut ve hayal dolu bir şekilde yola çıktı.

Familie aus San Francisco. Können Sie eine gute Familie in dieser Stadt finden?", fragte Robert.
„Na ja, im Moment haben wir etwa zwanzig Familien aus San Francisco", antwortete Alice. Sie rief ein paar von ihnen an. Die Gastfamilien waren froh, ein Au-pair-Mädchen aus Deutschland zu bekommen. Die meisten Familien wollten einen Brief mit einem Foto von Gabi. Manche wollten sie auch anrufen, um sicherzugehen, dass sie ein bisschen Englisch sprach. Also gab Robert ihnen ihre Telefonnummer.
Ein paar Gastfamilien riefen Gabi an. Dann schickte sie ihnen Briefe. Schließlich entschied sie sich für eine passende Familie und arbeitete mit Alices Hilfe eine Vereinbarung mit ihnen aus. Die Familie bezahlte das Ticket von Deutschland in die USA. Schließlich fuhr Gabi voller Hoffnungen und Träume in die USA.

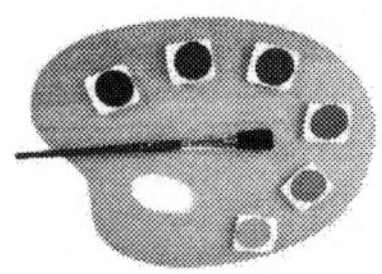

Wörterbuch Türkisch-Deutsch

ABD - USA
ABD'li - aus den USA
acente - die Agentur
aç - hungrig; Ben açım. - Ich habe Hunger.
açıklamak - erklären
açıldı - geöffnet
açmak - anmachen, öffnen
açtı - machte an, öffnete
adaletsiz - ungerecht
adam, adamlar - der Mann, die Männer
adım - der Schritt; basmak - treten
adres - die Adresse
affetmek - sich entschuldigen; Affedersiniz. - Entschuldigen Sie.
aile - die Familie
aile durumu - der Familienstand
akıcı bir şekilde - fließend
akıllı - intelligent
akım - der Strom
akıntı - der Fluss
akşam - der Abend
alan - das Feld
alarm - der Alarm
aldı - gebracht, nahm
-alım/-elim - lass uns
alışveriş merkezi - das Einkaufszentrum
almak - bekommen, nehmen
Alman - der Deutsche, die Deutsche
altı - sechs
altıncı - sechster
altında - unter
altını çizmek - unterstreichen
altmış - sechzig
ama - aber
Amerikalı - Amerikaner
an - der Moment
ana okulu - der Kindergarten
anadil - die Muttersprache
anahtar - der Schlüssel
aniden - plötzlich
anket - der Fragebogen
anladı - verstanden
anlamak - verstehen
anlaşma - die Vereinbarung
anne - Mama, die Mutter
aptal - dumm
ara, mola - die Pause
araba - das Auto
aracılığıyla, -den geçerek - hindurch
aradı - riefen an
aramak - anrufen
arasında - zwischen
arızalı - außer Betrieb
arkadaş - der Freund
arkadaş canlısı - freundlich
arkasında - hinter
asansör - der Aufzug
asla - nie
aslan - der Löwe
aspirin - das Aspirin
aşağı - nach unten
ateş, yangın - das Feuer
atıştırma - der Imbiss
avlu - der Hof
ayak - der Fuß
ayakta durmak - stehen
aynı anda - gleichzeitig
aynı zamanda - auch
aynısı - der/die/das Gleiche
ayrılmak - weggehen
az - selten, wenig
baba - der Vater, Papa
bacak - das Bein
bağırdı - gerufen
bağırmak, ağlamak - weinen, schreien, rufen
bahçe - der Garten
bakmak - schauen, betrachten
baktı - sah, schaute, geschaut
balina - der Wal
banka - die Bank
banyo - das Bad, das Badezimmer; küvet - die Badewanne
banyo masası - der Badezimmertisch
bardak - die Tasse
basit - einfach
basmak - drücken, treten
bastı - trat
baş - der Kopf; gitmek - gehen
başka (bir) - ein anderer, eine andere, ein anderes
başladı - begann, begonnen
başlamak - anfangen

başvurmak - sich bewerben
Bay - Herr, Hr.
Bayan - Fräulein
baygın - bewusstlos
bazen - manchmal, ab und zu
beceri - die Fähigkeit
bedensel iş - die Handarbeit
beğenmek, sevmek - mögen, lieben; Bunu beğendim. - Das gefällt mir.
bekar - ledig
bekledi - wartete
beklemek - warten
ben - ich
beni, bana, benden - mich
benim - mein, meine, mein
beraber - zusammen
beri, için - seit, da, weil
beslemek - füttern
beş - fünf
beşinci - fünfter
beyaz - weiß
bırakmak - verlassen
bildirdi - informierte, mitgeteilt
bilet - die Fahrkarte
bilgi - die Information, die Angabe
bilgilendirmek - informieren, mitteilen
bilgisayar - der Computer
biliyordu - wusste
bilmek - kennen, wissen
bin - tausend
bip - der Piepton
bir - ein
bir kere - einmal
bir sınavı geçmek - eine Prüfung bestehen
bir şey - etwas
bir tane daha - noch einen
bir yıl önce - vor einem Jahr
biraz - leicht
biraz, bazı, birkaç - ein paar, einige
birbirini tanımak - sich kenen
birçok - viel, viele
birer birer - einer nach dem anderen
birisi - jemand
birkaç - ein paar
Birleşik Devletler, ABD - die Vereinigten Staaten, die USA
bisiklet - das Fahrrad
bisikletle gitmek, bisiklet sürmek - Fahrrad fahren, mit dem Fahrrad fahren
bitirdi - fertig
biz - wir
bize, bizi, bizden - uns
bizim - unser
boş - frei, leer; boş zaman - die Freizeit, freie Zeit
boyunca - entlang
bölüm - der Teil
bu - dieser, diese, dieses
bu arada - übrigens
bu kitap - dieses Buch
bu sırada - in der Zwischenzeit
bu şeyler - diese Dinge
bu yüzden - deswegen
bugün - heute
buldu - gefunden
bulmak - finden
buluşmak, tanışmak - treffen, kennenlernen
bunlar - diese (Pl.)
burada - hier ist
buraya (yer) - hier (Ort)
buraya (yön) - hierher (Richtung)
burun - die Nase
büro - das Büro
büyük/daha büyük/en büyük - groß/größer/am größten
cadde - die Straße
caddeler - die Straßen
cam - das Glas
CD - die CD
CD çalar - der CD-Spieler
ceket - die Jacke
cep - die Tasche
cep telefonu - das Handy
cevap - antworten, erwidern, die Lösung
cevapladı - geantwortet
cevaplamak - die Antwort
cidden - ernst
cinsiyet - das Geschlecht
cumartesi - der Samstag
çabuk, çabucak - schnell
çağrı - rufen; çağrı merkezi - das Callcenter
çaldı - klingelte
çalındı - gestohlen
çalışan - arbeitend
çalışmak, okumak - studieren

çalıştı - fuhr los, gearbeitet, versuchte
çalma sesi - das Klingeln
çalmak - stehlen
çamaşır makinesi - die Waschmaschine
çanta - die Tasche
çatı - das Dach
çavuş - der Polizeihauptmeister
çay - der Tee
çekmek - ziehen
çevirdi - drehte
çiçek - die Blume
çiftçi - der Bauer
çiftlik - der Bauernhof
çocuk - das Kind, der Junge
çocuklar - die Kinder
çok - sehr, viel
çok yönlü - vielseitig, alles könnend
çünkü - weil
da, ayrıca - auch
-da, -de - am, auf, beim
daha az - weniger
daha büyük - größer
daha fazla - mehr
daha ileri - weiter
daha iyi - besser
daha yakın - näher
dakika - die Minute
dalga - die Welle
danışmak - beraten
danışman - der Berater
danışmanlık - die Beratung
dans etme - tanzend
dans etmek - tanzen
de, da - auch, in
dedi - sagte
defter - das Notizbuch
defterler - die Notizbücher
değerlendirdi - ausgewertet
değerlendirmek - beurteilen
değil - nicht
değişim - die Änderung
değişmek - ändern
demiryolu istasyonu - der Bahnhof
-den/-dan - als; George Linda'dan daha yaşlı. - George ist älter als Linda.
denemek - versuchen
deniz - das Meer
deniz kıyısı - die Küste
dergi - die Zeitschrift
ders - die Aufgabe, Lektion
ders kitabı - das Fachbuch
devam edecek - Fortsetzung folgt
devam etmek - fortführen
devriye - die Patroiulle, die Streife
-dı/-di - war, waren
dışarıda - draußen
diğer - andere, anders, sonst
-diği/-dığı - dass; Bu kitabın ilginç olduğunu biliyorum. - Ich weiß, dass dieses Buch interessant ist.
dikkat - die Aufmerksamkeit
dikkat etmek - achten auf
dikkatle - vorsichtig
dikkatle dinlemek - genau zuhören
dikkatli - sorgfältig
dil - die Sprache
dinlemek - hören; Müzik dinlerim. - Ich höre Musik.
direksiyon çevirmek - lenken
dizi - die Serie
doğa - die Natur
doğru, doğru olarak - richtig
doğrulttu - richtete
doktor - der Arzt
dokuz - neun
dokuzuncu - neunter
doldurmak - füllen
doldurulmuş - ausgestopft; doldurulmuş paraşütçü - die Fallschirmspringerpuppe
dolma kalem - der Stift
dolma kalemler - die Stifte
donakalmak - erstarren
dondurma - das Eis
dökmek - schütten, gießen
dönmek, çevirmek - drehen
dördüncü - vierter
dört - vier
döşek - die Matratze
durdu - beendete
durmak - anhalten
durum - die Situation, der Stand
duydu - hörte, gehört
dükkan - der Laden
dükkanlar - die Läden
dün - gestern
dünya - die Erde, die Welt

düşen - fallend
düşmek - fallen
düştü - fiel
düşünme - Denken
düşünmek - denken
düzeltmek - korrigieren
DVD - die DVD
-e/-a - in
ebeveyn - die Eltern
-ebil-/-abil- - dürfen, können; Okuyabiliyorum. - Ich kann lesen.
eczane - die Apotheke
editör - der Herausgeber
eğer, -se/-sa - ob
eğitim - die Ausbildung
eğitmek - trainieren; eğitimli - trainiert
eğlence - der Spaß
ehliyet - der Führerschein
ekmek - das Brot
elbette - natürlich
elektrikli - elektrisch
e-mail - die E-Mail
emniyet kemeri - der Sicherheitsgurt
emretmek - befehlen
-en, -dığı - dass
-en/-an - der, die, das *(konj.)*
en azından - wenigstens
en sevdiği - Lieblings-
en sevdiği film - der Lieblingsfilm
en yakın - nächste
endişelenmek - sich Sorgen machen; Endişelenme! - Mach dir keinen Kopf!
enerji - die Energie
erkek - männlich
erkek arkadaş - der Freund
erkek kardeş - der Bruder
eşlik etmek - begleiten
eşlik etti - begleitet
etrafa bakınmak - sich umsehen
ev - das Haus, das Zuhause; eve gitmek - nach Hause gehen
ev sahibi - der Gastgeber
ev sahibi aile - die Gastfamilie
evcil hayvan - das Haustier
evet - ja
farklı - verschieden
fikir - die Idee
film - der Film
finans - die Finanzwissenschaft
firma - die Firma
firmalar - die Firmen
fiyat - der Preis
fiyatı (miktar) olmak - kosten
form - das Formular
fotoğrafçı - der Fotograf
fotoğraflamak - fotografieren
fren - die Bremse
fren yapmak - bremsen
gaz - das Gas
gazete - die Zeitung
gazeteci - der Journalist
gece - die Nacht
geçe - nach
geçmiş - vorbei
geçti - abgelaufen
geldi - kam, gekommen
gelecek - zukünftig
gelişmek - entwickeln
gelmek/gitmek - kommen/gehen
gemi - das Schiff
genç - jung
genellikle - normalerweise, oft
geniş, genişçe - weit
gerçek - wirklich
gerçekten - wirklich
gerekmek, ihtiyacı olmak - brauchen
geri - zurück
getirmek - bringen
gezegen - der Planet
gibi - da, wie
gitmek - gehen, fahren; Bankaya giderim. - Ich gehe zur Bank.
gitti, yok - verlassen, weg
giyinmiş - angezogen
giymek - sich anziehen
giysi - die Kleidung
gizem - das Rätsel
gizli - das Geheimnis
gizlice - heimlich
göl - der See
gönderdi - schickte
gördü - sahen
görev - die Aufgabe
görmek - sehen
görüşürüz - Auf Wiedersehen
gösterdi - zeigte

göstermek - zeigen
göz - das Auge
gözler - die Augen
gri - grau
güç - die Stärke
güçlü, güçle, kuvvetle - stark
güle güle - tschüss
gülmek - lachen
gülümsedi - lächelte, gelächelt
gülümseme - das Lächeln
gülümsemek - lächeln
gün - der Tag; günlük - täglich, jeden Tag
güzel - schön, wunderschön
hafta - die Woche
hala - noch, weiterhin
hap - die Tablette
harcamak - ausgeben, verwenden
hareket, numara - der Trick
harika - super, toll
harita - die Karte
hatırladı - erinnerte sich
hava - die Luft, das Wetter
havladı - bellte
hayal, rüya - der Traum
hayal etmek, rüya görmek - träumen
hayat - das Leben
hayat kurtarma numarası - der Rettungstrick
hayır - nein
hayvan - das Tier
hayvanat bahçesi - der Zoo
hazır - fertig
hazırlamak, hazırlanmak - vorbereiten
hediye - die Begabung
hemen - sofort
henüz - noch
hepsi - alle
her - jeder, jede, jedes
her şey - alles
her zaman - immer
herhangi - irgendwelche
herhangi bir şey - etwas, nichts
herkes - alle
Hey! - Hey!
hırsız - der Dieb
hırsızlar - die Diebe
hız yapan sürücü - der Raser
hızla geçti - raste
hiç kimse - niemand
hiçbir şey - nichts
hikaye - die Geschichte
hissederek - das Gefühl
hizmet etmek - bedienen
hizmetçi - der Bedienstete
ısınmak - aufwärmen
ısırmak - beißen
ıslak - nass
iç, içinde - in
için - da, für, weil
içmek - trinken
ihbar etmek - berichten
iki - zwei
iki kere - zweimal
ikinci - zweiter
ikinci ad - der zweite Name
ikinizden biri - einer von euch
ilan - die Anzeige, die Werbung
ile - mit
ilerleyen - führen
ilgilenmek - sich kümmern um
ilginç - interessant
imkan - die Möglichkeit
inanmak - glauben; gözlerine inanamamak - seinen Augen nicht trauen
inleyen - heulend
inmek - aussteigen
insan - der Mensch
insanlar - die Menschen
internet sitesi - die Website
isim - der Name
İspanyolca, İspanyol - spanisch
istedik - wollte
istemek, dilemek - wollen, werden
istemek, sormak - bitten, fragen
iş - die Arbeit; çok işi olmak - viel zu tun haben
iş acentesi - die Arbeitsvermittlung
işçi - der Arbeiter
işveren - der Arbeitgeber
itmek - stoßen, ziehen
iyi - gut
iyileştirmek - gesund pflegen
izin vermek - lassen
izlemeye devam etti - weiter schauen
kablo - das Kabel
kabul etmek - einverstanden sein
kaçmak - weglaufen

kadar - bis
kadın - die Frau, weiblich
kafası karışmış - verwirrt
kafe - das Café
kağıt - das Papier
kahretsin - verdammt
kahvaltı - das Frühstück; kahvaltı etmek - frühstücken
kahve - der Kaffee
kalkmak - aufstehen; Kalk! - Steh auf!
kalmak - bleiben
kamyon - der Lastwagen
Kanadalı - Kanadier
kanguru - das Känguru
kapalıydı - geschlossen
kapatmak - ausmachen, schließen
kapı - die Tür
kaptan - der Kapitän, der Tiger
kara, karaya inmek - dunkel, landen
karşı - gegen
karşılaştı - getroffen, kennengelernt
kasa - der Tresor
kasiyer - der Kassierer
katılımcı - der Teilnehmer
katılmak - kommen in
katil - der Mörder
katil balina - der Schwertwal
kavanoz - der Krug
kaybetmek - verlieren
kaydetmek - aufnehmen
kaza - der Unfall
kazanmak - verdienen; Saatte 10 dolar kazanırım. - Ich verdiene zehn Dollar pro Stunde.
kedi - die Katze
kedi yavrusu - das Kätzchen
kedicik - die Miezekatze
kelepçe - die Handschellen
kelime - das Wort, die Vokabel
kelimeler - die Wörter
kendi - eigener, eigene, eigenes
keyfini çıkarmak - Spaß haben, genießen
kır saçlı - grauhaarig
kırk dört - vierundvierzig
kırmızı - rot
kırmızı başlık - die Rubrik
kısa - kurz
kısa süre içinde - bald
kıyı - die Küste
kız - das Mädchen, die Tochter
kız arkadaş - die Freundin
kız kardeş - die Schwester
kızgın - wütend
kilometre - der Kilometer
kim - wer
kimin - wessen
kimya - die Chemie
kimyasal - chemisch
kimyasallar - die Chemikalien
kirli - dreckig
kişi - die Person
kişisel - persönlich
kitap - das Buch
kitaplık - das Bücherregal
klavye - die Tastatur
kokmuş - stinkend
kol - der Arm
koltuk - der Sitz; (bir yere) oturmak - sich hinsetzen
komik - lustig
kompozisyon - der Entwurf, der Text
komşu - der Nachbar
kontrol - die Kontrolle
kontrol etmek - kontrollieren
konuşma - die Rede
konuşmak - sich unterhalten, sprechen
koordinasyon - die Koordination
korkmuş - ängstlich
korumak - beschützen
koşmak - rennen, joggen, laufen
kova - der Eimer
köpek - der Hund
köpek yavrusu - der Welpe
köprü - die Brücke
kötü - schlecht
köy - das Dorf
kristal - das Kristall
kulak - das Ohr
kullanmak - benutzen
kulüp - der Verein
kum - der Sand
kural - die Regel
kurs - der Kurs
kurtarma hizmeti - der Rettungsdienst
kurtarmak - retten
kuru - trocken

kurutmak - trocknen
kuş - der Vogel
kutu - die Kiste
kuyruk - der Schwanz
Kuzey Amerika ve Avrasya - Nordamerika und Eurasien
küçük - klein
lastik - der Gummi
lazer - der Laser
lezzetli - lecker
lider - der Führer
limit - die Begrenzung
liste - die Liste
lütfen - bitte
macera - das Abenteuer
makine - die Maschine
-mamalı-/-memeli- - nicht dürfen
masa - der Schreibtisch, der Tisch
masalar - die Tische
mavi - blau
maymun - der Affe
-meden/-madan - ohne
mektup - der Brief
-meli/-malı - müssen; Gitmeliyim. - Ich muss gehen.
memnun - froh
memur, polis - der Polizist
merdiven - die Treppe
merhaba - hallo
merkez - das Zentrum; şehir merkezi - das Stadtzentrum
merkezi - Haupt-, zentral
meslek - der Beruf
meslektaş - der Kollege
metal - das Metall
metin - der Text
metre - der Meter
mevsim - die (Jahres)zeit
meydan - der Platz
meydana geldi - passiert
meydana gelmek - passieren
mikrofon - das Mikrofon
milyar - Billionen
misafir - der Gast
mobilya - die Möbel
monoton - monoton
motor - der Motor
muhbir - der Reporter
muhteşem - wunderbar
musluk - der Wasserhahn
mutfak - die Küche
mutlu - glücklich
mutluluk - das Glück
mühendis - der Ingenieur
mümkün - möglich
mümkün olduğunca sık - so oft wie möglich
müşteri - der Kunde
müzik - die Musik
nasıl - wie
ne, hangi - was, welcher/welche/welches; Bu ne? - Was ist das?
ne zaman, -dığı - wenn
nefret etmek - hassen
nerede - wo
normal - gewöhnlich
not - die Notiz
numara - die Nummer
numarası yapmak - vorgeben; so tun, als ob
o - er, es, sie
ocak - der Herd
oda - das Zimmer
odalar - die Zimmer
oğlan - der Junge
oğul - der Sohn
okul - die Schule
okuma, okuyan - lesend
okumak, çalışmak - lesen, studieren
olağan - normal
oldukça - ziemlich
olmak - sein
on - zehn
on iki - zwölf
onbeş - fünfzehn
onbir - elf
onlar - sie
onların - ihr
onu/ona - ihm
onun - sein, seine; onun yatağı - sein Bett
onun kitabı - ihr Buch
onuncu - zehnter
onyedi - siebzehn
ora - dort
otel - das Hotel
oteller - die Hotels
otobüs - der Bus; otobüsle gitmek - mit dem Bus fahren

oturmak - sich hinsetzen, sitzen, setzen
otuz - dreißig
oynama - spielen
oynamak - spielen
oyuncak - das Spielzeug
oyuncak bebek - die Puppe
ödedi - bezahlte, gezahlt
ödemek - bezahlen, zahlen
ödev - die Hausaufgaben
öğrenci - der Student
öğrenci yurdu - das Studentenwohnheim
öğrenciler - die Studenten
öğreniyor - lernen
öğrenmek - lernen
öğretmek - beibringen
öğretmen - der Lehrer
öldü - starb
öldürdü - tötete, getötet *(part.)*
ölmek - sterben
ölümcül - tödlich
ön - vorn
ön tekerlekler - die Vorderräder
önce - erst, vor
önemli - wichtig
önerdi - empfohlen
öneri - die Empfehlung
önermek - empfehlen
önünde - vor
öpmek - küssen
örneğin - zum Beispiel
örnek - das Beispiel
özellikle - vor allem
panik - die Panik; panik yapmak - in Panik versetzen
pantolon - die Hose
para - das Bargeld, das Geld
paraşüt - der Fallschirm
paraşütçü - der Fallschirmspringer
park - der Park
parklar - die Parks
pazartesi - Montag
pencere - das Fenster
pencereler - die Fenster
personel departmanı - die Personalabteilung
petrol - das Öl
pilot - der Pilot
plan - der Plan
planlamak - planen
polis - die Polizei
Polonya - Polen
pozisyon - die Position
problem - das Problem
program - das Programm
programcı - der Programmierer
radar - der Radar
radyo - das Radio
rağmen - obwohl, trotzdem
rahatsız etmek, zahmet etmek - ärgern
reddetmek - ablehnen
rehabilitasyon - die Genesung, Rehabilitation
reklam - das Inserat
resim - das Foto
rüzgar - der Wind
saat - die Uhr, die Stunde; saat başı - stündlich; Saat iki. - Es ist zwei Uhr.
saat birde - um eins
saatte - pro Stunde
sabah - der Morgen
sabit - beständig
saç - das Haar
sadece - einfach, nur
sağ - rechts
sağlık - die Gesundheit
sahip - der Besitzer
sahip (olmak)/var (olmak) - haben; O bir kitaba sahip. - Er hat ein Buch.
sakladı - versteckte
saklambaç. - das Versteckspiel
saklanmak - sich verstecken
sallamak, titremek - zittern
sanat - die Kunst
sanatçı - der Künstler
sandalye - der Stuhl
sandviç - das Sandwich
sarı - gelb
sarsılmak - wackelte
satıcı - der Verkäufer, die Verkäuferin
satın almak - kaufen
satmak - verkaufen
savaş - der Krieg
saygılarımla - hochachtungsvoll
sebep - der Grund
seçmek - auswählen, aussuchen, entscheiden für, wählen
seçti - entschied sich für
sekiz - acht

sekiz buçukta - um halb neun
sekizinci - achter
sekme - abprallen
sekreter - die Sekretärin
selam - hallo
sen/siz - du/ihr
senin - dein
senin yerine - an deiner Stelle
serbest bırakmak - freisetzen
ses - die Stimme
sesle - laut
sessiz, sessizce - leise
sevdi - liebte, geliebt
sevgi - die Liebe
sevgili - lieber, liebe
sevmek - lieben
seyahat - reisen
seyirciler - das Publikum
sıcak - warm
sıçan - die Ratte
sınav - die Prüfung
sınıf - das Klassenzimmer, die Klasse
sıra - die Schlange
silah - die Waffe
sinirle - wütend
sinsi, sinsice - schlau
siren - die Sirene
sivrisinek - die Stechmücke
siyah - schwarz
soğuk - kalt
soğukluk - die Kälte
sol - links
soluk - blass
son - das Ende; bitirmek - beenden
sonbahar - der Fall
sonra - dann, nach; ondan sonra - danach
sonunda - schließlich
sordu - gefragt
Sorun ne? - Was ist los?
soygun - der Diebstahl, der Überfall
soyguncu - der Dieb
söylemek, demek - nennen, sagen
spanyel - der Spaniel
spor - der Sport; spor mağazası - das Sportgeschäft
spor bisikleti - das Sportfahrrad
standart - der Standard, Standard-
su - das Wasser
su ısıtıcı - der Kessel
suçlu - der Verbrecher
süpermarket - der Supermarkt
sürat, hız - die Geschwindigkeit
süratle gitmek - rasen
sürdü - fuhr
sürmek - dauern, fahren; Film üç saatten fazla sürer. - Der Film dauert mehr als drei Stunden.
sürpriz - die Überraschung
sürtünmek - reiben
süzülmek - treiben
süzülüyor - treiben
şans - die Chance
şapka - der Hut
şarkı söylemek - singen; şarkıcı - der Sänger
şaşırmış - überrascht, verwundert
şaşırtmak - überraschen
şehir - die Stadt
şey - das Ding, die Sache
şimdi, şu an - jetzt, zurzeit, gerade
şoför - der Fahrer
şu - jener, jene, jenes
şunlar - jene (Pl.)
tabak - der Teller
tabii ki - klar, sicher
tabir - der Satz
takım - die Mannschaft
takip - die Verfolgung
takmak - anschnallen
taksi - das Taxi
taksi şoförü - der Taxifahrer
tamam, iyi - gut, alles klar, okay
tamamen - voll
tanker - der Tanker
tarih - das Datum
tarla, alan - das Feld
tasarım - das Design
taş - der Stein
taşıma - der Transport
taşındı, hareket etti - bewegte sich
tecrübe - die Erfahrung
tek kelime etmeden - wortlos
teker teker, ayrı - einzeln
tekerlek - das Rad
telefon - das Telefon
telefon ahizesi - der Telefonhörer
telefon etmek - anrufen, telefonieren
telesekreter - der Anrufbeantworter

televizyon - der Fernseher
televizyon takımı - der Fernseher
temiz - sauber
temizlemek - sauber machen, putzen
temizlenmiş - gesäubert
tercüman - der Übersetzer
tereyağı - die Butter
test etmek - prüfen
teşekkür ederim, teşekkürler - danke
teşekkür etmek - danken
tıbbi - medizinisch
tohum - das Saatgut
tören - die Feier
tren - der Zug
tuş - der Knopf
tuvalet - die Toilette
tür - die Art
uçak - das Flugzeug
uçak gösterisi - die Flugschau
uçtu - flog weg
umut - die Hoffnung
umut etmek - hoffen
unutmak - vergessen
utanmak - sich schämen; o utandı - er schämt sich
uygun - passend
uyruk - die Nationalität
uyumak - schlafen
uzak, uzağa - weit, weg
uzay - das Weltall
uzay gemisi - das Raumschiff
uzaylı - der Außerirdische
uzun - lang
üç - drei
üçüncü - dritter
ülke - das Land
üniversite - die Universität, die Uni
üretmek - herstellen
üye - das Mitglied
üzerinden, üstünden - über
üzgün olmak - leid tun; Üzgünüm. - Es tut mir leid.
üzücü - traurig
vardı - angekommen, hatte, gehabt
varmak - ankommen
vb. - usw.
ve - und
verdi - gab
vermek - geben
veteriner - der Tierarzt
video kaseti - die Videokassette
video mağazası - die Videothek
vurdu - schoss; angeschossen
vurmak - schlagen
yabancı - fremd
yağmur - der Regen
yakalamak - fangen
yakın, yakındaki, sonraki - nahe, in der Nähe
yakınlık - die Nähe
yaklaşık - etwa
yalpalamak - schaukeln
yangın - feuern
yanlış - falsch
yapmak - machen
yaptı - tat
yaratıcı - kreativ
yardım, yardım etmek - die Hilfe, helfen
yardımcı - der Helfer
yarım - halb
yarın - morgen
yarışma - die Ausschreibung, der Wettbewerb
yaş - das Alter
yaşadı - lebte
yaşamak - leben, wohnen
yaşayan - wohnhaft
yaşça büyük - älter
yatak - das Bett
yataklar - die Betten
yavaşça - langsam
yayan - zu Fuß
yayın - der Verlag
yaymak - übergreifen
yazar - der Schriftsteller
yazarkasa - die Kasse
yazdı - schrieb
yazmak - entwerfen, verfassen, schreiben
yedi - sieben
yedinci - siebter
yemek - das Essen; essen
yemek pişirme - kochend
yeni - neu
yer - der Boden, legen, der Platz
yer almak - teilnehmen
yerine - anstelle von, stattdessen
yeşil - grün
yıkamak - waschen, putzen

yıl - das Jahr
yıldız - der Stern
yıldız işareti - das Sternchen
yine - wieder
yirmi - zwanzig
yirmibeş - fünfundzwanzig
yirmibir - einundzwanzig
yok etmek - zerstören
yol - die Straße, der Weg
yorgun - müde
yöntem - die Methode
yutmak - (hinunter)schlucken
yuvarlak, etrafından - rund
yük, yüklemek - laden
yüklemek - beladen; yükleyici - der Verlader
yüksek - hoch
yükü boşaltmak - abladen
yürüme - laufen
yürümek - gehen
yüz - das Gesicht, hundert
yüzmek - schwimmen
zaman - die Zeit
zaten - schon
zavallı - arm
zebra - das Zebra
zeki, zekice - schlau
zıplamak; zıplama - springen; der Sprung
zihinsel iş - die Kopfarbeit
ziyaret etti - besuchte
zor - schwer

Wörterbuch Deutsch-Türkisch

Abend, der - akşam
Abenteuer, das - macera
aber - ama
abgelaufen - geçti
abladen - yükü boşaltmak
ablehnen - reddetmek
abprallen - sekme
acht - sekiz
achten auf - dikkat etmek
achter - sekizinci
Adresse, die - adres
Affe, der - maymun
Agentur, die - acente
Alarm, der - alarm
alle - herkes, hepsi
alles - her şey
als - -den/-dan; George ist älter als Linda. - George Linda'dan daha yaşlı.
älter - yaşça büyük
Alter, das - yaş
am, auf, beim - -da, -de
Amerikaner - Amerikalı
an deiner Stelle - senin yerine
andere, andere, andere - diğer
ändern - değişmek
anders, sonst - diğer
Änderung, die - değişim
anfangen - başlamak
angekommen - vardı
angezogen - giyinmiş
ängstlich - korkmuş
anhalten - durmak
ankommen - (bir yere) gitmek, varmak
anmachen - açmak
Anrufbeantworter, der - telesekreter
anrufen - aramak, telefon etmek
anschnallen - takmak
anstelle von - yerine
Antwort, die - cevaplamak
antworten, erwidern - cevap
Anzeige, die - ilan
Apotheke, die - eczane
Arbeit, die - iş; viel zu tun haben - çok işi olmak
arbeitend - çalışan
Arbeiter, der - işçi
Arbeitgeber, der - işveren
Arbeitsvermittlung, die - iş acentesi
ärgern - rahatsız etmek, zahmet etmek
arm - zavallı
Arm, der - kol
Art, die - tür
Arzt, der - doktor
Aspirin, das - aspirin
auch - -de/-da, aynı zamanda
Auf Wiedersehen - görüşürüz
Aufgabe, die; Lektion - görev, ders
Aufmerksamkeit, die - dikkat
aufnehmen - kaydetmek
aufstehen - kalkmak; Steh auf! - Kalk!
aufwärmen - ısınmak
Aufzug, der - asansör
Auge, das - göz
Augen, die - gözler
aus - -den, -dan, -lı, -li
aus den USA - ABD'li
Ausbildung, die - eğitim
ausgeben, verwenden - harcamak
ausgestopft - doldurulmuş; die Fallschirmspringerpuppe - doldurulmuş paraşütçü
ausgewertet - değerlendirdi
ausmachen - kapatmak
Ausschreibung, die; der Wettbewerb - yarışma
außer Betrieb - arızalı
Außerirdische, der - uzaylı
aussteigen - inmek
auswählen, entscheiden für - seçmek
Auto, das - araba
Bad, das; das Badezimmer - banyo; die Badewanne - küvet
Badezimmertisch, der - banyo masası
Bahnhof, der - demiryolu istasyonu
bald - kısa süre içinde
Bank, die - banka
Bargeld, das - para
Bauer, der - çiftçi
Bauernhof, der - çiftlik
bedienen - hizmet etmek
Bedienstete, der - hizmetçi
beendete - durdu
befehlen - emretmek

Begabung, die - hediye
begann, begonnen - başladı
begleiten - eşlik etmek
begleitet - eşlik etti
Begrenzung, die - limit
beibringen - öğretmek
Bein, das - bacak
Beispiel, das - örnek
beißen - ısırmak
bekommen - almak
beladen - yüklemek; der Verlader - yükleyici
bellte - havladı
benutzen - kullanmak
beraten - danışmak
Berater, der - danışman
Beratung, die - danışmanlık
berichten - ihbar etmek
Beruf, der - meslek
beschützen - korumak
Besitzer, der - sahip
besser - daha iyi
beständig - sabit
besuchte - ziyaret etti
Bett, das - yatak
Betten, die - yataklar
beurteilen - değerlendirmek
bewegte sich - taşındı, hareket etti
bewusstlos - baygın
bezahlen, zahlen - ödemek
bezahlte, gezahlt - ödedi
Billionen - milyar
bis - kadar
bitte - lütfen
bitten, fragen - istemek, sormak
blass - soluk
Blatt, das - (kağıt) yaprak
blau - mavi
bleiben - kalmak
Blume, die - çiçek
Boden, der - yer
brauchen - gerekmek, ihtiyacı olmak
Bremse, die - fren
bremsen - fren yapmak
Brief, der - mektup
bringen - getirmek
Brot, das - ekmek
Bruder, der - erkek kardeş
Brücke, die - köprü
Buch, das - kitap
Bus, der - otobüs; mit dem Bus fahren - otobüsle gitmek
Butter, die - tereyağı
Bücherregal, das - kitaplık
Büro, das - büro
Café, das - kafe
CD, die - CD
CD-Spieler, der - CD çalar
Chance, die - şans
Chemie, die - kimya
Chemikalien, die - kimyasallar
chemisch - kimyasal
Computer, der - bilgisayar
da, weil - beri, için
da, wie - gibi
Dach, das - çatı
danke - teşekkür ederim, teşekkürler
danken - teşekkür etmek
dann - sonra; danach - ondan sonra
dass - -en, -diği/-dığı; Ich weiß, dass dieses Buch interessant ist. - Bu kitabın ilginç olduğunu biliyorum.
Datum, das - tarih
dauern - sürmek; Der Film dauert mehr als drei Stunden. - Film üç saatten fazla sürer.
Davids Buch - David'in kitabı
dein - senin
denken - düşünmek
Denken, das - düşünme
der zweite Name - ikinci ad
der/die/das Gleiche - aynısı
Design, das - tasarım
deswegen - bu yüzden
Deutsche, der; die Deutsche - Alman
Dieb, der - hırsız, soyguncu
Diebe, die - hırsızlar
Diebstahl, der - soygun
diese (Pl.) - bunlar
diese Dinge - bu şeyler
dieser, diese, dieses - bu
dieses Buch - bu kitap
Ding, das; die Sache - şey
Dorf, das - köy
dort - ora
draußen - dışarıda
dreckig - kirli
drehen - dönmek, çevirmek

drehte - çevirdi
drei - üç
dreißig - otuz
dritter - üçüncü
drücken - basmak
du/ihr - sen/siz
dumm - aptal
dunkel - kara
dürfen, können - -ebil-/-abil-; Ich kann lesen. - Okuyabiliyorum.
DVD, die - DVD
eigener, eigene, eigenes - kendi
Eimer, der - kova
ein - bir
ein anderer, eine andere, ein anderes - başka (bir)
ein paar - biraz, bazı, birkaç
eine Prüfung bestehen - bir sınavı geçmek
einer nach dem anderen - birer birer
einer von euch - ikinizden biri
einfach - basit, sadece
einige - biraz, birkaç
Einkaufszentrum, das - alışveriş merkezi
einmal - bir kere
einundzwanzig - yirmibir
einverstanden sein - kabul etmek
einzeln - teker teker, ayrı
Eis, das - dondurma
elektrisch - elektrikli
elf - onbir
Eltern, die - ebeveyn
E-Mail, die - e-mail
empfehlen - önermek
Empfehlung, die - öneri
empfohlen - önerdi
Ende, das - son; beenden - bitirmek
Energie, die - enerji
entlang - boyunca
entschied sich für - seçti
entwerfen, verfassen - yazmak
entwickeln - gelişmek
Entwurf, der; der Text - kompozisyon
er - o
Erde, die - dünya
Erfahrung, die - tecrübe
erinnerte sich - hatırladı
erklären - açıklamak
ernst - cidden
erst - önce
erstarren - donakalmak
es - o
essen - yemek
Essen, das - yemek
etwa - yaklaşık
etwas, nichts - bir şey, herhangi bir şey
Fachbuch, das - ders kitabı
Fähigkeit, die - beceri
fahren - sürmek
Fahrer, der - şoför
Fahrkarte, die - bilet
Fahrrad fahren, mit dem Fahrrad fahren - bisikletle gitmek, bisiklet sürmek
Fahrrad, das - bisiklet
Fall, der - sonbahar
fallen - düşmek
fallend - düşen
Fallschirm, der - paraşüt
Fallschirmspringer, der - paraşütçü
falsch - yanlış
Familie, die - aile
Familienstand, der - aile durumu
fangen - yakalamak
Feier, die - tören
Feld, das - tarla, alan
Fenster, das - pencere
Fenster, die - pencereler
Fernseher, der - televizyon, televizyon takımı
fertig - bitirdi, hazır
Feuer, das - ateş, yangın
feuern - yangın
fiel - düştü
Film, der - film
Finanzwissenschaft, die - finans
finden - bulmak
Firma, die - firma
Firmen, die - firmalar
fließend - akıcı bir şekilde
flog weg - uçtu
Flugschau, die - uçak gösterisi
Flugzeug, das - uçak
Fluss, der - akıntı
Formular, das - form
fortführen - devam etmek
Fortsetzung folgt - devam edecek
Foto, das - resim
Fotograf, der - fotoğrafçı

fotografieren - fotoğraflamak
Fragebogen, der - anket
Frau, die - kadın
Fräulein - Bayan
frei - boş; die Freizeit, freie Zeit - boş zaman
freisetzen - serbest bırakmak
fremd - yabancı
Freund, der - arkadaş, erkek arkadaş
Freundin, die - kız arkadaş
freundlich - arkadaş canlısı
froh - memnun
Frühstück, das - kahvaltı; frühstücken - kahvaltı etmek
fuhr - sürdü
fuhr los, versuchte - çalıştı
Fuß, der - ayak
führen - ilerleyen
Führer, der - lider
Führerschein, der - ehliyet
füllen - doldurmak
fünf - beş
fünfter - beşinci
fünfundzwanzig - yirmibeş
fünfzehn - onbeş
für - için
füttern - beslemek
gab - verdi
Garten, der - bahçe
Gas, das - gaz
Gast, der - misafir
Gastfamilie, die - ev sahibi aile
Gastgeber, der - ev sahibi
geantwortet - cevapladı
gearbeitet - çalıştı
geben - vermek
gebracht - aldı
gefallen - beğenmek; Das gefällt mir. - Bunu beğendim.
gefragt - sordu
gefunden - buldu
Gefühl, das - hissederek
gegen - karşı
Geheimnis, das - gizli
gehen, fahren - yürümek, gitmek; Ich gehe zur Bank. - Bankaya giderim.
gelb - sarı
Geld, das - para
genau zuhören - dikkatle dinlemek
Genesung, die; Rehabilitation - rehabilitasyon
geöffnet - açıldı
gerufen - bağırdı
gesäubert - temizlenmiş
Geschichte, die - hikaye
Geschlecht, das - cinsiyet
geschlossen - kapalıydı
Geschwindigkeit, die - sürat, hız
Gesicht, das - yüz
gestern - dün
gestohlen - çalındı
gesund pflegen - iyileştirmek
Gesundheit, die - sağlık
getroffen, kennengelernt - karşılaştı
gewöhnlich - normal
Glas, das - cam
glauben - inanmak; seinen Augen nicht trauen - gözlerine inanamamak
gleichzeitig - aynı anda
Glück, das - mutluluk
glücklich - mutlu
grau - gri
grauhaarig - kır saçlı
groß/größer/am größten - büyük/daha büyük/en büyük
Grund, der - sebep
grün - yeşil
Gummi, der - lastik
gut, alles klar - tamam, iyi
Haar, das - saç
haben - sahip (olmak)/var (olmak); Er hat ein Buch. - O bir kitaba sahip.
halb - yarım
hallo - merhaba, selam
Handarbeit, die - bedensel iş
Handschellen, die - kelepçe
Handy, das - cep telefonu
hassen - nefret etmek
hatte, gehabt - vardı
Haupt-, zentral - merkezi
Haus, das - ev
Hausaufgaben, die - ödev
Haustier, das - evcil hayvan
heimlich - gizlice
Helfer, der - yardımcı
Herausgeber, der - editör
Herd, der - ocak
Herr, Hr. - Bay

herstellen - üretmek
heulend - inleyen
heute - bugün
Hey! - Hey!
hier (Ort) - buraya (yer)
hier ist - burada
hierher (Richtung) - buraya (yön)
Hilfe, die; helfen - yardım, yardım etmek
hindurch - aracılığıyla, -den geçerek
hinter - arkasında
hoch - yüksek
hochachtungsvoll - saygılarımla
Hof, der - avlu
hoffen - umut etmek
Hoffnung, die - umut
Hose, die - pantolon
Hotel, das - otel
Hotels, die - oteller
hören - dinlemek; Ich höre Musik. - Müzik dinlerim.
hörte, gehört - duydu
Hund, der - köpek
hundert - yüz
hungrig - aç; Ich habe Hunger. - Ben açım.
Hut, der - şapka
Idee, die - fikir
Imbiss, der - atıştırma
Information, die; die Angabe - bilgi
Ingenieur, der - mühendis
Inserat, das - reklam
ich - ben
ihm - onu/ona
ihr - onların
ihr Buch - onun kitabı
immer - her zaman
in - iç, içinde
in der Nähe - yakın, yakındaki, sonraki
in der Zwischenzeit - bu sırada
informieren, mitteilen - bilgilendirmek
informierte, mitgeteilt - bildirdi
intelligent - akıllı
interessant - ilginç
irgendwelche - herhangi
ja - evet
Jacke, die - ceket
Jahr, das - yıl
jeder, jede, jedes - her
jemand - birisi
jene (Pl.) - şunlar
jener, jene, jenes - şu
jetzt, zurzeit, gerade - şimdi, şu an
Journalist, der - gazeteci
jung - genç
Junge, der - çocuk, oğlan
Kabel, das - kablo
Kaffee, der - kahve
kalt - soğuk
Kälte, die - soğukluk
kam, gekommen - geldi
Kanadier - Kanadalı
Känguru, das - kanguru
Kapitän, der - kaptan
Karte, die - harita
Kasse, die - yazarkasa
Kassierer, der - kasiyer
Kätzchen, das - kedi yavrusu
Katze, die - kedi
kaufen - satın almak
kennen, wissen - bilmek
Kessel, der - su ısıtıcı
Kilometer, der - kilometre
Kind, das - çocuk
Kinder, die - çocuklar
Kindergarten, der - ana okulu
Kiste, die - kutu
klar, sicher - tabii ki
Klasse, die - sınıf
Klassenzimmer, das - sınıf
Kleidung, die - giysi
klein - küçük
Klingeln, das - çalma sesi
klingelte - çaldı
Knopf, der - tuş
kochend - yemek pişirme
Kollege, der - meslektaş
kommen in - katılmak
kommen/gehen - gelmek/gitmek
Kontrolle, die - kontrol
kontrollieren - kontrol etmek
Koordination, die - koordinasyon
Kopf, der - baş; gehen - gitmek
Kopfarbeit, die - zihinsel iş
korrigieren - düzeltmek
kosten - fiyatı (miktar) olmak
könnte, kann - -bilirdi
kreativ - yaratıcı

Krieg, der - savaş
Kristall, das - kristal
Krug, der - kavanoz
Kunde, der - müşteri
Kunst, die - sanat
Kurs, der - kurs
kurz - kısa
Küche, die - mutfak
Künstler, der - sanatçı
küssen - öpmek
Küste, die - deniz kıyısı, kıyı
lächeln - gülümsemek
Lächeln, das - gülümseme
lächelte, gelächelt - gülümsedi
lachen - gülmek
laden - yük, yüklemek
Laden, der - dükkan
Läden, die - dükkanlar
Land, das - ülke
landen - kara, karaya inmek
lang - uzun
langsam - yavaşça
Laser, der - lazer
lass uns - -alım/-elim
lassen - izin vermek
Lastwagen, der - kamyon
laufen - yürüme
laut - sesle
Leben, das - hayat
leben, wohnen - yaşamak
lebte - yaşadı
lecker - lezzetli
ledig - bekar
leer - boş
legen, der Platz - yer
Lehrer, der - öğretmen
leicht - biraz
leid tun - üzgün olmak; Es tut mir leid. - Üzgünüm.
leise - sessiz, sessizce
lenken - direksiyon çevirmek
lernen - öğreniyor, öğrenmek
lesen - okumak
lesend - okuma, okuyan
Liebe, die - sevgi
lieben - sevmek
lieber, liebe - sevgili
Lieblings- - en sevdiği
Lieblingsfilm, der - en sevdiği film
liebte, geliebt - sevdi
links - sol
Liste, die - liste
Lösung, die - cevap
Löwe, der - aslan
Luft, die - hava
lustig - komik
machen - yapmak
machte an - açtı
Mädchen, das - kız
Mama, die Mutter - anne
manchmal, ab und zu - bazen
Mann, der - adam
Männer, die - adam, adamlar
männlich - erkek
Mannschaft, die - takım
Maschine, die - makine
Matratze, die - döşek
medizinisch - tıbbi
Meer, das - deniz
mehr - daha fazla
mein, meine, mein - benim
Mensch, der - insan
Menschen, die - insanlar
Metall, das - metal
Meter, der - metre
Methode, die - yöntem
mich - beni, bana, benden
Miezekatze, die - kedicik
Mikrofon, das - mikrofon
Minute, die - dakika
mit - ile
Mitglied, das - üye
Moment, der - an
monoton - monoton
Montag - pazartesi
morgen - yarın
Morgen, der - sabah
Motor, der - motor
Möbel, die - mobilya
mögen, lieben - beğenmek, sevmek
möglich - mümkün
Möglichkeit, die - imkan
Mörder, der - katil
Musik, die - müzik
Mutter, die - anne
Muttersprache, die - anadil

müde - yorgun
müssen - -meli/-malı; Ich muss gehen. - Gitmeliyim.
nach - geçe, sonra
nach unten - aşağı
Nachbar, der - komşu
nächste - en yakın
Nacht, die - gece
nahe - yakın
Nähe, die - yakınlık
näher - daha yakın
nahm - aldı
Name, der - isim
Nase, die - burun
nass - ıslak
Nationalität, die - uyruk
Natur, die - doğa
natürlich - elbette
nehmen - almak
nein - hayır
nennen, sagen - söylemek
neu - yeni
neun - dokuz
neunter - dokuzuncu
nicht - değil
nicht dürfen - -mamalı-/-memeli-
nichts - hiçbir şey
nie - asla
niemand - hiç kimse
noch einen - bir tane daha
noch, weiterhin - henüz, hala
Nordamerika und Eurasien - Kuzey Amerika ve Avrasya
normal - olağan
normalerweise - genellikle
Notiz, die - not
Notizbuch, das - defter
Notizbücher, die - defterler
Nummer, die - numara
nur - sadece
ob - eğer, -se/-sa
obwohl, trotzdem - rağmen
oft - genellikle
ohne - -meden/-madan
Ohr, das - kulak
okay, gut - tamam, iyi
öffnen - açmak
öffnete - açtı
Öl, das - petrol
Panik, die - panik; in Panik versetzen - panik yapmak
Papa - baba
Papier, das - kağıt
Park, der - park
Parks, die - parklar
passend - uygun
passieren - meydana gelmek
passiert - meydana geldi
Patroiulle, die; die Streife - devriye
Pause, die - ara, mola
Person, die - kişi
Personalabteilung, die - personel departmanı
persönlich - kişisel
Piepton, der - bip
Pilot, der - pilot
Plan, der - plan
planen - planlamak
Planet, der - gezegen
Platz, der - meydan
plötzlich - aniden
Polen - Polonya
Polizei, die - polis
Polizeihauptmeister, der - çavuş
Polizist, der - memur, polis
Position, die - pozisyon
Preis, der - fiyat
pro Stunde - saatte
Problem, das - problem
Programm, das - program
Programmierer, der - programcı
prüfen - test etmek
Prüfung, die - sınav
Publikum, das - seyirciler
Puppe, die - oyuncak bebek
Rad, das - tekerlek
Radar, der - radar
Radio, das - radyo
rasen - süratle gitmek
Raser, der - hız yapan sürücü
raste - hızla geçti
Rätsel, das - gizem
Ratte, die - sıçan
Raumschiff, das - uzay gemisi
rechts - sağ
Rede, die - konuşma
Regel, die - kural

Regen, der - yağmur
reiben - sürtünmek
reisen - seyahat
rennen, joggen, laufen - koşmak
Reporter, der - muhbir
retten - kurtarmak
Rettungsdienst, der - kurtarma hizmeti
Rettungstrick, der - hayat kurtarma numarası
richtete - doğrulttu
richtig - doğru, doğru olarak
riefen an - aradı
rot - kırmızı
Rubrik, die - kırmızı başlık
rufen - çağrı; das Callcenter - çağrı merkezi
rund - yuvarlak, etrafından
Saatgut, das - tohum
sagen - söylemek, demek
sagte - dedi
sah, schaute, geschaut - baktı
sahen - gördü
Samstag, der - cumartesi
Sand, der - kum
Sandwich, das - sandviç
Satz, der - tabir
sauber - temiz
sauber machen, putzen - temizlemek
schauen, betrachten - bakmak
schaukeln - yalpalamak
schickte - gönderdi
Schiff, das - gemi
schlafen - uyumak
schlagen - vurmak
Schlange, die - sıra
schlau - sinsi, sinsice, zeki, zekice
schlecht - kötü
schließen - kapatmak
schließlich - sonunda
Schlüssel, der - anahtar
schnell - çabuk, çabucak
schon - zaten
schoss; angeschossen - vurdu
schön - güzel
schreiben - yazmak
Schreibtisch, der - masa
schrieb - yazdı
Schriftsteller, der - yazar
Schritt, der - adım; treten - basmak
Schule, die - okul
schütten, gießen - dökmek
Schwanz, der - kuyruk
schwarz - siyah
schwer - zor
Schwertwal, der - katil balina
Schwester, die - kız kardeş
schwimmen - yüzmek
sechs - altı
sechster - altıncı
sechzig - altmış
See, der - göl
sehen - görmek
sehr - çok
sein, seine - olmak, onun; sein Bett - onun yatağı
seit - beri
Sekretärin, die - sekreter
selten - az
Serie, die - dizi
sich anziehen - giymek
sich bewerben - başvurmak
sich entschuldigen - affetmek; Entschuldigen Sie. - Affedersiniz.
sich hinsetzen - oturmak
sich kenen - birbirini tanımak
sich kümmern um - ilgilenmek
sich schämen - utanmak; er schämt sich - o utandı
sich Sorgen machen - endişelenmek; Mach dir keinen Kopf! - Endişelenme!
sich umsehen - etrafa bakınmak
sich unterhalten - konuşmak
sich verstecken - saklanmak
Sicherheitsgurt, der - emniyet kemeri
sie - o, onlar
sieben - yedi
siebter - yedinci
siebzehn - onyedi
singen - şarkı söylemek; der Sänger - şarkıcı
Sirene, die - siren
Situation, die - durum
Sitz, der - koltuk; sich hinsetzen - (bir yere) oturmak
sitzen, setzen - oturmak
so oft wie möglich - mümkün olduğunca sık
sofort - hemen
Sohn, der - oğul
sorgfältig - dikkatli

Spaniel, der - spanyel
spanisch - İspanyolca, İspanyol
Spaß haben, genießen - keyfini çıkarmak
Spaß, der - eğlence
spielen - oynama, oynamak
Spielzeug, das - oyuncak
Sport, der - spor; das Sportgeschäft - spor mağazası
Sportfahrrad, das - spor bisikleti
Sprache, die - dil
sprechen - konuşmak
springen; der Sprung - zıplamak; zıplama
Stadt, die - şehir
Stand, der - durum
Standard, der; Standard- - standart
starb - öldü
stark - güçlü, güçle, kuvvetle
Stärke, die - güç
stattdessen - yerine
Stechmücke, die - sivrisinek
stehen - ayakta durmak
stehlen - çalmak
Stein, der - taş
sterben - ölmek
Stern, der - yıldız
Sternchen, das - yıldız işareti
Stift, der - dolma kalem
Stifte, die - dolma kalemler
Stimme, die - ses
stinkend - kokmuş
stoßen, ziehen - itmek
Straße, die - cadde, yol
Straßen, die - caddeler
Strom, der - akım
Student, der - öğrenci
Studenten, die - öğrenciler
Studentenwohnheim, das - öğrenci yurdu
studieren - çalışmak, okumak
Stuhl, der - sandalye
Stunde, die - saat; stündlich - saat başı
super, toll - harika
Supermarkt, der - süpermarket
Tablette, die - hap
Tag, der - gün; täglich, jeden Tag - günlük
Tanker, der - tanker
tanzen - dans etmek
tanzend - dans etme
Tasche, die - cep, çanta
Tasse, die - bardak
Tastatur, die - klavye
tat - yaptı
tausend - bin
Taxi, das - taksi
Taxifahrer, der - taksi şoförü
Tee, der - çay
Teil, der - bölüm
teilnehmen - yer almak
Teilnehmer, der - katılımcı
Telefon, das - telefon
Telefonhörer, der - telefon ahizesi
telefonieren - telefon etmek
Teller, der - tabak
Text, der - metin
Tier, das - hayvan
Tierarzt, der - veteriner
Tiger, der - kaplan
Tisch, der - masa
Tische, die - masalar
Tochter, die - kız
Toilette, die - tuvalet
tödlich - ölümcül
tötete, getötet *(part.)* - öldürdü
trainieren - eğitmek; trainiert - eğitimli
Transport, der - taşıma
trat - bastı
Traum, der - hayal, rüya
träumen - hayal etmek, rüya görmek
traurig - üzücü
treffen, kennenlernen - buluşmak, tanışmak
treiben - süzülmek, süzülüyor
Treppe, die - merdiven
Tresor, der - kasa
treten - basmak
Trick, der - hareket, numara
trinken - içmek
trocken - kuru
trocknen - kurutmak
tschüss - güle güle
Tür, die - kapı
Uhr, die - saat; Es ist zwei Uhr. - Saat iki.
um eins - saat birde
um halb neun - sekiz buçukta
und - ve
Unfall, der - kaza
ungerecht - adaletsiz
Universität, die; die Uni - üniversite

uns - bize, bizi, bizden
unser - bizim
unter - altında
unterstreichen - altını çizmek
USA - ABD
usw. - vb.
über - üzerinden, üstünden
Überfall, der - soygun
übergreifen - yaymak
überraschen - şaşırtmak
überrascht, verwundert - şaşırmış
Überraschung, die - sürpriz
Übersetzer, der - tercüman
übrigens - bu arada
Vater, der - baba
Verbrecher, der - suçlu
verdammt - kahretsin
verdienen - kazanmak; Ich verdiene zehn Dollar pro Stunde. - Saatte 10 dolar kazanırım.
Verein, der - kulüp
Vereinbarung, die - anlaşma
Vereinigten Staaten; die USA - Birleşik Devletler, ABD
Verfolgung, die - takip
vergessen - unutmak
verkaufen - satmak
Verkäufer, der; die Verkäuferin - satıcı
Verlag, der - yayın
verlassen - bırakmak, gitti
verlieren - kaybetmek
verschieden - farklı
verstanden - anladı
Versteckspiel, das - saklambaç
versteckte - sakladı
verstehen - anlamak
versuchen - denemek
verwirrt - kafası karışmış
Videokassette, die - video kaseti
Videothek, die - video mağazası
viel, viele - çok, birçok
vielseitig, alles könnend - çok yönlü
vier - dört
vierter - dördüncü
vierundvierzig - kırk dört
Vogel, der - kuş
voll - tamamen
vor - önce, önünde
vor allem - özellikle
vor einem Jahr - bir yıl önce
vorbei - geçmiş
vorbereiten - hazırlamak, hazırlanmak
Vorderräder, die - ön tekerlekler
vorgeben; so tun, als ob - numarası yapmak
vorn - ön
vorsichtig - dikkatle
wackelte - sarsılmak
Waffe, die - silah
wählen, aussuchen - seçmek
während - -ken
Wal, der - balina
war - -dı/-di
waren - -di/-dı
warm - sıcak
warten - beklemek
wartete - bekledi
was, welcher/welche/welches - ne, hangi; Was ist das? - Bu ne? Was ist los? - Sorun ne?
waschen, putzen - yıkamak
Waschmaschine, die - çamaşır makinesi
Wasser, das - su
Wasserhahn, der - musluk
Website, die - internet sitesi
weg - gitti, yok, uzak, uzağa
Weg, der - yol
weggehen - ayrılmak
weglaufen - kaçmak
weiblich - kadın
weil - çünkü
weinen, schreien, rufen - bağırmak, ağlamak
weiß - beyaz
weit - geniş, genişçe, uzak
weiter - daha ileri
weiter schauen - izlemeye devam etti
Welle, die - dalga
Welpe, der - köpek yavrusu
Welt, die - dünya
Weltall, das - uzay
wenig - az
weniger - daha az
wenigstens - en azından
wenn - Ne zaman, -dığı
wer - kim
Werbung, die - ilan
werden - istemek, dilemek
wessen - kimin
Wetter, das - hava

wichtig - önemli
wie - nasıl
wieder - yine
Wind, der - rüzgar
wir - biz
wirklich - gerçek, gerçekten
wo - nerede
Woche, die - hafta
wohnhaft - yaşayan
wollen - istemek
wollte - istedik
Wort, das; die Vokabel - kelime
wortlos - tek kelime etmeden
Wörter, die - kelimeler
wunderbar - muhteşem
wunderschön - güzel
wusste - biliyordu
wütend - kızgın, sinirle
zahlen - ödemek
Zebra, das - zebra
zehn - on
zehnter - onuncu
zeigen - göstermek
zeigte - gösterdi
Zeit, die - zaman
Zeitschrift, die - dergi
Zeitung, die - gazete
Zentrum, das - merkez; das Stadtzentrum - şehir merkezi
zerstören - yok etmek
ziehen - çekmek
ziemlich - oldukça
Zimmer, das - oda
Zimmer, die - odalar
zittern - sallamak, titremek
Zoo, der - hayvanat bahçesi
zu Fuß - yayan
Zug, der - tren
Zuhause, das - ev; nach Hause gehen - eve gitmek
zukünftig - gelecek
zum Beispiel - örneğin
zurück - geri
zusammen - beraber
zwanzig - yirmi
zwei - iki
zweimal - iki kere
zweiter - ikinci
zwischen - arasında
zwölf - on iki

Zeitfracht Medien GmbH
Ferdinand-Jühlke-Straße 7
99095 Erfurt, Deutschland
produktsicherheit@kolibri360.de